自由呼吸的教育

叶传平 著

时代出版传媒股份有限公司
安徽教育出版社

图书在版编目（CIP）数据

自由呼吸的教育 / 叶传平著. —合肥:安徽教育出版社,2023.5(2024.12重印)

ISBN 978-7-5336-7858-6

Ⅰ.①自… Ⅱ.①叶… Ⅲ.①教育学—文集 Ⅳ.①G40-53

中国国家版本馆CIP数据核字(2023)第081420号

自由呼吸的教育

ZIYOU HUXI DE JIAOYU

出 版 人：王能玉
策划编辑：汪　琳
责任编辑：于　芳　康　岩　李勇军
封面设计：唐　敏
版式设计：许海波

出版发行：安徽教育出版社
地　　址：合肥市经开区繁华大道西路398号　邮编：230601
网　　址：http://www.ahep.com.cn
营销电话：(0551)63683012,63683013
排　　版：安徽时代华印出版服务有限责任公司
印　　刷：安徽新华印刷股份有限公司

开　　本：650mm×960mm　1/16
印　　张：15
字　　数：207千字
版　　次：2023年5月第1版　2024年12月第2次印刷
定　　价：68.00元

（如发现印装质量问题,影响阅读,请与本社营销部联系调换）

自序

教育的境界:让学生自由呼吸

每一个人都有生长的本能与成长的渴求,不论是自然躯体发育还是精神灵魂丰盈,需要的基本条件就是"自由呼吸"。一个人在憋屈氛围中,不会舒展躯干实现茁壮成长;一个人在急迫环境中,难以冷静思考得出正确结论;一个人在胆怯驱使下,难以激活思维发现创新观点;一个人在抑郁笼罩下,难以主动思索找到积极思路。只有在放松愉悦中,思维才会激荡,思想才会有光芒;只有在顺畅交流中,思维才会碰撞,火花才会有闪烁。陶行知先生主张的"六大解放",即解放儿童的头脑,解放儿童的双手,解放儿童的眼睛,解放儿童的嘴巴,解放儿童的空间,解放儿童的时间,就是要认识到儿童的创造力,尊重儿童的主体性,让儿童拥有自我支配的自由权利。

学生是儿童在接受学校教育后的一种社会身份,是儿童在成长生涯中扮演的重要角色。学校教育的初衷是给学生以启蒙,帮助他们实现个性化、多样化的自由发展,学生受教育的过程应该是能够按照自身潜质、特点、兴趣不断得到提升、获得自由的过程。学校教育应该是能够让儿童获得自由的"解放式"教育,而不是给儿童划定过多条条框框、强加过重负担的"加压式"教育。过分功利化会使学校教育远离初衷,偏离教育航标,损害儿童的自由,导致学生身份的工具化、势利性。从学生的视角上看,学校教育应该可以让学生选择自己喜欢的课程科目、活动项目,从自主学习、合作学习和探究性学习中发现问题,分析问题,解决问题。在这个过程中,学生能够寻求到有益帮助,能够得到高质量引导,从而达到自由发展的目的,实现健康快乐、全面而有个性的发展。从学校与教师的视角上看,学校教育要始终相信学生、依靠学生,最终为了学生。学校坚持"以生为本"规划教育愿景,促进教育教学改革,扎实推进教育实践;教师为学生发展提供必要鼓励、帮助与指导。在发展学生的同时,教师专业素养得以提升,学校特色得以形成和发展。

学生在学校接受教育的过程是爬坡过坎的闯关路途,也是享受获得、实现成长的愉悦旅程。时间上可支配,空间上有自由,行为上可放松,思绪上能开放,学生才能释放感官,解放思维,身心得以自由,才智得到发展,品德得以升华。

首先,时间上可支配。苏格拉底认为,闲暇是所有财富中最美好的财富。成年人需要在紧张工作、繁杂生活之余,偶尔放下压力,抛开烦忧,享受身体的闲适和心灵的自由。学生也一样,在紧张的学习之余更需要劳逸结合。作息上,不要把时间安排得太满,不要把日程塞得太紧,让每一个学生都有能自由支配的时间。"双减"政策将学生过重的课业负担减下来,把学生从重复作业、低效作业中解放出来,就是要给学生更多可自由支配的时间,引导他们发挥主体性、能动性,学会自我规划、自我教育、自我评价、自我改进,学会自主学习,从而实现综合素质整体提升。

其次,空间上有自由。学校教育应该尽可能为学生提供活动空间和平台,让学生始终站在学校生活正中央。学校组织与实施的各种学校活动、社会实践,要充分考虑学生,尊重学生的主体性,在主题选择、项目策划、内容设计、活动组织、具体实施、活动评价等方面听取学生意见。让学生书写校名,让学生书写楼宇名,让学生自主管理学校公共区域……把平台让给学生,把权利还给学生,学校才能真正成为学生自主学习、自由成长的空间。不起眼的"小舞台",能够帮助学生走上"大平台",实现"小世界,大境界;小主人,大未来"的教育理想。

再次,行为上能放松。在学校教育中,教师平等对待每个学生,鼓励学生发挥特长,引导他们个性化发展,学生就会自信、阳光、积极、向上。教师宽容对待成长中的学生，允许学生犯错误，帮助学生分析错误，指导学生解决问题，鼓励学生敢闯、敢干，学生就会能干、会干、善干、乐干。教育不是培养"乖"孩子，而是要培育有思想、能实践的灵动学生。学生成长是漫长的过程，每个人的成长节点都会有所不同，同样的标准衡量不了所有的学生，一时的表现也不能决定学生的未来。教育中的所谓"标准答案"其实是阻碍学生自由飞翔的镣铐与枷锁。

最后，思维上能开放。普通高中、义务教育课程方案和学科课程标准中特别强调对学生思维能力的培养。只有在"超功利"的环境下，学生的思维才能真正被打开，真实的教育自由与学习自由才能实现。思维上的顿悟，既需要学习过程中的感悟，也需要完成学习后的醒悟。学校教育上的"超功利"不是无事可做、一事不做，也不是事事都做、事事必做，而是有心想做、有力能做、有事可做、选事精做。顾明远先生说："没有爱就没有教育，没有兴趣就没有学习，教书育人在细微处，学生成长在活动中。"学生的思维要在包容中放开，在兴趣中培养，在活动中历练。

生活即教育，教育也是生活。社会发展越是日新月异，我们越需要"静"下来，哪怕只是发发呆，放松疲惫的身体和紧绷的神经。心静下来，身体放松下来，思绪才能顺起来，思维才能活起来。看似"静默性"的休息，有可能促成"跨越式"的蜕变；看起来"无所事事"的闲暇，其实是下一次进取的力量积蓄。学校是履行教育责任的主体，打造自由、和谐、宽松的生态环境，让从教者身心愉悦、干劲倍增，让学习者信心满满、积极向上，教育才能生机勃勃。

目录 自由呼吸的教育

有氧的学校

校长的味道 / 2
校长视角里的人、事、理 / 8
行走在"迎合"与"符合"之间 / 13
在自我诊断中谋求学校发展 / 15
帮助校长个性化成长的"四力"实践 / 19
校长的三点基本素养 / 23
研究型校长的必备品格 / 25
提升校长的课程领导力 / 27
校长的点子与教师的担子 / 30
做一个懂教师的校长 / 32
为学生学习减负,给自己职责加压 / 35
什么是"更好的教育" / 38
我来说说:名校长与"名校"校长 / 40
教育需要关注细节 / 43
寻找普通高中质量提升之道 / 45
引导学生自育自学的实践探索 / 47
合并校如何找准融合发展契合点 / 59
构建"三主"德育模式的实践与探索 / 62

一场报告会:舒展是最美姿态 / 66
千年名校成都石室中学印象 / 69
人在中央,我心飞扬 / 72
观合肥一六八中学研究性学习成果汇报有感 / 74

成长的教师

基于艺友制的校本研训一体化实践 / 78
学生成长的加油站:班主任评语撰写原则刍议 / 87
教师自我发展的五个习惯养成 / 91
作为终身学习者的教师 / 94
你也可以当教师 / 99
一生只做一件事 / 102
泥鳅兴捧,侠们兴哄 / 104
三个"一点"践行爱的教育 / 106
换个视角看听评课 / 110
物理、"雾里"和"勿理" / 113
互相说,不等于相互学 / 115
两组数据引发的思考 / 118
基于社会主义核心价值观教育的主题联合教研实践 / 121
课堂教学研讨的"三学" / 127
课堂,谁会给你所谓的答案 / 130

生长的学生

教育,我们错在哪 / 136
别让减负成为逃避的借口 / 139
教育来点"欲擒故纵",好不好 / 141

给每一个学生新希望与新力量 / 143

平等看待学生 / 147

实现学有所教的"四分"模式 / 150

谨防"五育"被"五化" / 153

假如教育是农业 / 160

提高中考分数含金量要处理好三大关系 / 164

厌学,并不全是学生的错 / 168

怎样对待青春期的叛逆 / 170

提升社会主义核心价值观教育质量的研究与思考 / 172

从小乖,长大"呆" / 179

怎样让学生"人来疯" / 181

作业要将学生"扶起来" / 184

教育的微思
▶

教"好学生"与"教好"学生 / 190

帮孩子养成受益终身的好习惯 / 192

教育不能急功近利 / 194

教育人的眼光和境界 / 196

讲规矩会吃亏吗 / 198

学会给教育"会诊" / 200

别让"以生为本"成为幌子 / 202

草坪上踩出道,谁之过 / 204

水的教育观 / 206

烧锅的秘诀 / 209

大郢侠们,小郢"狗" / 211

中观教研视角下的新课标实施 / 213

照相中的教育学 / 221

"十不得"直指教育本真 / 224
"双减"实践中的"加减乘除" / 227
编者的话 / 230

有氧的
学　校

校长的味道

从2001年8月15日走上副校长岗位起,我当校长的时间一共有16年零7个月,包括当副校长的3年零8个月和当校长的12年零11个月。其间我转战过三所学校,其中有开展基础教育整体教改实验的合肥实验学校,有由九年一贯制的合肥市南园新村学校、十二年一贯制的合肥铁四局中学两校合并而成的义务教育阶段九年一贯制学校——合肥市南园学校,也有初级中学学段的合肥市第四十八中学。写几句真话,叙一段实情,献给我偶然走上、多年坚守的校长生涯,是寄托,亦是纪念。"纸上得来终觉浅,绝知此事要躬行。"校长的路只有自己走过,才知道其中的艰辛与苦楚,校长的味道只有自己品尝之后,才知道其中的五味杂陈。在我的理解中,校长的味道有苦,有酸,更有甜。

原味:苦中有乐

校长表面看似风光,内心不乏彷徨、无助与忧伤。当校长很苦,身体之苦是自然的、生理的。身先士卒、率先垂范是基本,不能迟到,不可早退,严于律己,要求别人做到的,自己务必率先做到。初任校长,我从娄彦联校长那里学来一招,清晨七点二十左右,站在门口迎接每一个学生入校。没有想到,不经意的自觉之举坚持了八年,换来全校学生与家长的一致赞许。关注教师、关心学生,耗的是时间,白的是头发,伤的是体力,降下来的是体质,升起来的是血压。其实这些还算不了什么,因为这些仅仅是劳体,对于我这个农村出身的男人来说,真算不了什么。有斗志就不会因为劳体而疲乏痛苦,真正让校长感到苦的是劳心。

校长岗位的首站是合肥实验学校。刚到实验学校的时候，不论是面对全体教师参与的"实验实验，如何实验"大讨论，还是面对"将实验进行到底"的专家座谈会，我都找不到做业务校长的感觉，怎么也理解不了，更实践不了娄校长反复叮嘱的"转变角色"要求。不到半个学期，我甚至对娄校长说："我要回一中，我做不了这行当。"娄校长说："吃了饼，套了颈。"这句合肥俗语让我无地自容。从那时起，我就彻底断了后路，不断提醒自己："安心吧，耐心吧，用心吧！"就这样，我在校长岗位上"晃"了16年半。

合肥实验学校是一所先有科学教育理念、后有创新教育实践的学校，始终以自育自学理论为指引，积极探究"引导学生会自育、会自学"的整体教改之路。要让自己从一个"门外汉"迅速成为真正的"实验人"，进入业务校长角色，摆正位置，了解学校办学理念，不断学习是必须的。于是，我向理论学习，向实践学习；向专家学习，向同伴学习；向学生学习，向自己学习。在学习的过程中，我发现学校行政管理的思维与学科教学思维有着巨大的差异。课堂上对学生的精心付出，总会有意想不到的喜悦与收获，而行政管理的艰辛付出，有时会遭遇意料之外、却在情理之中的阻力与障碍。埋怨的有之，讽刺的有之，看笑话的亦有之。

千难万险中的千山万水，千头万绪中的千人万面，我学会了接受与适应，还在不断的历练中研制出有针对性的"疫苗"——学会在教育教学管理实践中"懂人、识人、提升人"（《中国教育报》的《校长周刊》曾经在2010年11月，以此为题对我做过专门报道）。我给了同事业务发展的空间与机会，同事给了我事业前进的动力与信心。

2013年6月，我服从组织安排，到合肥市南园学校任校长；2016年4月，我又接受组织安排，到合肥市第四十八中学任校长。按常理说，我已经是50岁的人了，本可以选择安静、舒适的工作与生活，但是一直以"平心而论，平和善良"为座右铭的我，把工作放在首位，毅然选择服从组织安排。"知我者谓我心忧,不知我者谓我何求",选择之后的苦,只有自己才会懂。

合肥市南园学校是由两所学校合并而成的九年一贯制学校,原先两所学校直线距离很近,但是历史传承、办学特色、管理模式、办学积淀、教师群体风格、生源特质等各不相同。实现稳定已属不易,达成融合更是难上加难,加之理思路、明目标、促发展,管理难度可想而知,可谓一山放过一山拦。三年时间里,我基本完成组织交办的任务。2013年暑假,学校组织中层干部会议,专题研讨学校各项管理制度。整整两天时间,每天从早晨8点到晚上10点,中午吃完盒饭之后继续战斗,那时的我们真有点执着的"疯劲"。我与同仁一起搭建了以"德慧终身,学行天下"为核心办学理念的"八个好"三年发展规划框架,创建了全市唯一的南园学区联盟。初中预科班的创办,五四学制的尝试,"学思行课堂(即学为本、思为要、行为旨)"的实施,"慧学、慧问、慧思、慧辨、慧行"的诠释,"三主"(即价值主导、学生主体、活动主动)德育模式的建构,《南园赋》的撰写,等等,赢得了同事认同、社会认可、学生喜欢,我的存在感、幸福感、成就感油然而生。

合肥市第四十八中学拥有丰富的办学内涵、骄人的办学成绩、良好的社会声誉,接好这一棒实属不易。自接手之后,我一直积极思考:怎样进一步丰富学校办学内涵,凝聚学校办学精神,激发学校持续发展之力,并在教育改革新时代中始终笑傲群雄,在素质教育与应试教育并存的大教育背景下独辟蹊径,走出一条轻负担、高质量的利于学生健康成长的新路子?如何将学校的创新教育进行到底,逐步深入,使学校管理、校本课程开发、课堂改革、教师发展、教学质量提升、校园文化建设卓有成效?做到这些绝非一日之功,也非一月之行,甚至不是一年之为,但是必须从现在开始,从你我开始。体现团队精神的"三个一工程",即中考备考中的一科一梳理、一科一讲座、一科一压轴,得到落实;2017年首届科技冬令营、首届文化夏令营成功举办;针对新校区嘉陵江路中学的"三小尝试",即小班化、小组合作、小有成效,真正面向全体,关注全程,发展全面。唯有坚持,方得本质;唯有实践,方得真功。

异味:酸中有劲

还有一种味道,在校长经历中不可避免地存在,那就是"酸"。它是校长味道中不想有,但是又不得不有的"异味"。校长内心深处的酸,是在经历之后慢慢回味中翻涌的酸。

曾经有一位中层干部在遇到不公平事情的时候对我说:"吃苦、吃亏我都能接受,但是我唯独不能吃气。"而校长务必做到三吃,即吃苦、吃亏、吃气。能吃苦是意志,能吃亏是精神,能吃气是境界。吃气,说起来容易,做起来难,需要耐力、容忍、涵养、修养。尤其是在面对同事的误解、不解时,校长要真诚以待,自我消化,选择在"委曲求全"中坚强,学会在"忍辱负重"中成长,在"酸雨"中选择咬定青山不放松。"千磨万击还坚劲,任尔东西南北风",何尝不是一种境界?

我还清楚地记得一位老校长的经历。老校长曾经对一位年轻有为的教师颇为赏识,为他提供了诸多学习机会,搭建了很多提升平台,使他的业务水平得以较快提升。但该教师却以为他的一切所得是在情理之中,理所当然,当他的个人需求没有得到老校长充分、及时满足的时候,他选择不解、纠缠,甚至侮辱、谩骂老校长。即便老校长后来退休了,他依然不依不饶,失去了作为人民教师应有的素质与涵养,令老校长心酸,令同事心寒。

从另一个角度看,这也不是坏事,会让我们当校长更加小心、细心,更加民主、慎微,也会让我们减少失误,杜绝违纪与违法。这又何尝不是校长之"酸"另外价值之所在?

本味:甜中有温

多年前,我在合肥一中任教,时任合肥一中校长李少聪在毕业典礼上致辞，一席话让学生泪眼婆娑。正是这份受人尊敬的成就感和使命感，使得我没能拒绝组织上考察我当实验学校副校长的"诱惑"。2001年8月10日，组织干部处处长找我谈话，8月15日我迷迷糊糊走上合肥实验学校副校长的岗位，内心是喜悦的，是甜的。

　　校长的甜来自工作中学生、家长以及教师的认可与赞同。学生在进行数学阅读分享的时候，我被邀请参加，被要求点评，为学生写《聆听课堂上花开的声音》。后来，该文章登载在《合肥晚报》上，那时的感觉是甜的。学生做"小老师"，在五楼礼堂面向全市120余位小学数学教师、教研员以及教育专家开设《斐波那契数列》讲座，驾轻就熟、行云流水，表现精彩，得到教育界同行的惊叹与褒奖，那时的感觉是甜的。在中考来临之际，合肥实验学校四三学制的七年级孩子参加全市排球比赛，克服年龄小、体力不足、部分家长不理解等困难，一举获得合肥市第三名，拿到实验学校学生参加市级体育比赛团体最好名次，那时的感觉是甜的。美瞳合唱团在组建当年，经过两个月时间的刻苦排练，获得"合肥市蔚蓝商务港杯合唱比赛"特等奖，那时的感觉是甜的。学校第一次组织学生参加全市"广玉兰杯经典诵读比赛"，一曲《满江红》征服评委，赢得比赛，获得省、市两个级别一等奖，实验学校第一次拿到省级比赛团体最高奖，那时的感觉是甜的。有个孩子不会背《木兰诗》，我与之真诚交流，给她一周时间，希望她尝试一下。五天后她主动找我，流利地背诵给我听，那时的感觉是甜的。学生自行组建校园广播站，购买音响器材，招募成员，让广播站顺利开播。我在升旗仪式上，送给广播站"小世界、大境界，小主人、大未来"的寄语，那时的感觉是甜的。"玩世不恭、教而不化"的孩子，自从经我介绍进入学校足球队，就像换了一个人似的，每一次看到我，都会汇报近况："校长，我在改变，不过，有时还是控制不住自己，会犯一些小错。"那时的感觉是甜的。六年级学生即将结束小学生活，组织"我和母校有个'乐'会"的专场音乐会，独立自主地完成策划编排、节目遴选、舞台设计、乐器租赁、嘉宾邀请、后期制作等大量繁琐复杂的工作。受之感染，我为孩子们制作了一份精美画册,那时的感觉是甜的。第一届科技冬令营、第一届文化夏令营学子归来,家长和学生脸上洋溢着满意的笑容,不断在群里、圈里晒图片、说感受。我想象着他们的那种得意劲、满足感,那时的感觉是甜的……

学生好,教育才是真好;明天好,教育才有真效。遇难事方能见成长,遇酸事才能见坚强,遇苦事也许能得甜蜜。祝愿还在校长岗位上的,或已不再当校长的,或将会走上校长岗位的朋友们,心态阳光,心情舒畅,心绪飞扬。

校长视角里的人、事、理

我不完全赞同"一个好校长就是一所好学校"的观点,但不否认校长在一所学校特色发展、质量提升中的关键性作用。优秀校长独特治校作用与卓越领导力的发挥一定建立在对学校人、事、理三要素的把握上,各要素的合理配置和内在动力的激活,驱动着学校生命力趋于旺盛。我曾经请教一位优秀校长治校的成功之道,他很轻松地说:"心上有人,脚下来事,手中握理。"

以人为本

教育是育人的事业,育人是教育的核心,也是学校教育教学管理工作的中心。学校教育应当坚持以人为本,坚持立德树人根本任务,落实"人在学校正中央"的承诺。学校教育视野中的人主要是教师与学生,具体做法就是:坚持把学生放在第一位,以学生持续发展为本,以学生全面而有个性的发展为本,为学生终身发展奠基;坚持以教师专业发展为本,以教师自我发展、专业发展来引领,带动学生快乐成长、持续发展。教育,说起来容易,做起来难,尤其是坚持做下去,从不懈怠,就更难。

检验校长的思想深处、教育实处是不是真正坚持"以人为本"是有工具与试金石的。从一定程度上来说,校长对待教育的主张直接影响着教师的教育行为,也影响着教师对待学生的态度,教师对待学生的态度会直接影响学生的成长状态与学习效果。学校活动是否用对学生有价值、有意义的设计来统领活动全过程,串联各环节?学校对课堂的评价是侧重关注教师的感受与体会,还是侧重关注学生的兴趣与习得？学校教育是立足当下社会关注的分数,还是立足学生未来发展的潜质与习惯？校长面对学习、生活上遇到困难的学生,是一味指责,还是关心帮助？关心是否真诚？态度是否谦和？方法是否得当？实践是否跟踪？跟踪结果如何使用？有没有付出足够耐心？有没有考虑到对学生的纠偏很难一蹴而就？有没有考虑到学生的心理和行为会有反复？有没有为学生的教育与发展留有足够时间、空间？……将学生放在心上不是一句简单的承诺,而是一生矢志不渝的使命,需要为师者将"以生为本"的理念转化为扎实的实践与笃定的坚持。

做事为要

学校教育管理、教师课堂教学等实践,是人与事相结合的历程,也是教师与学生互动合作的过程,更是学校实现教育理想与目标的旅程。称职的校长一定会在学校管理、教育教学上锻炼自己做事的能力。

一是将小事做精。校长要干事、干实事、干成事,也要干大事、干难事。但不管干什么事都要从干常规小事开始,在干常规小事中养好习惯,立好规矩,树真标杆。每周一次的升旗仪式,我们要赋予其更多更丰富的教育价值与意义,精心设计每一次国旗下的讲话,聚焦一个教育主题,如"我心永向党""奥运场上的骄傲""我为你感动""模范就在我身边"等。教师或者学生撰写讲话稿并认真修改、排练,让每一篇讲稿成为美文,让每一次发言成为示范,让每一位升旗手成为言行模范。国歌响起、国旗升起的时候,现场每一位师生都面向国旗肃立,行注目礼或者敬礼,不做损害国旗尊严的行为,为国旗添光彩。将小事做精,就是要将创新贯穿始终,在司空见惯中找不寻常的路径,在习以为常中干不寻常的事,才能让事情常干常新,在干事情中成长。

二是将要事做实。学校管理工作事务纷繁复杂,校长既要学会"弹钢琴",还要善于抓要事,把要事做到实处。现阶段"双减"政策背景下,指导教师设计与实施作业,就大有文章可做。学校要加强作业管理,作业不能做完就了。学生的作业做完了、上交了,教师理应尝试采用机阅、面批等多种方式进行全批全改,运用信息化手段获取学生作业数据,对作业数据进行全方位精准诊断与多维度科学分析,保留较为系统完整的学生学情档案或成长记录档案。对学生的学情分析,可以有若干个维度:以学科为维度,分单元、模块、知识点、目标、题型进行梳理分析;以时间为维度,建构学生德智体美劳等综合素质评价体系,将学生学习过程与结果、态度与方法等评价统整起来;以特长发展为维度,利用多元智能理论,为学生兴趣、特长发展提供参考依据,提供发展指导。多维度的评价最终形成包括结果评价、过程评价、增值评价、综合评价等在内的完整评价体系。

一个问题的解决,包括发现问题、梳理问题、弄清原因、思考对策、形成解决预案、实践落实、反思优化、深入推进等多个环节。教育问题的解决也同样如此。学生作业负担问题的解决是一项系统工程,也与社会选择就业、高校选择专业等有关。减轻学生过重的课业负担一定要依靠社会、家庭、学校以及社会培训机构的协同用力。作业是由教师布置的,但完成作业的主体是学生,学生意愿高,自我纠错和自觉改进的意识强,写作业的效率就高。作业做对了,能够进一步激发学生奋斗进取、更上一层楼的信心;作业做错了,学生要能够正确对待,迎难而上,知错就改。要想将作业做好,就要在作业中历练自己认真、严谨、细致的品格;要想将作业做好,就必须在作业中将理解知识、消化原理、实际应用结合起来,做到活学与活用统一。作业设计和实施,不能将写作业变成学生一味尝错的过程,要让学生在作业中获得自信与信心;不是要学生学会循规蹈矩,是要学生能够在作业中学会创新,乐于接受挑战、享受成功快乐。面对学生的作业,教师不能一布了之,而是要精雕细琢。作业的内容上可以精挑细选,精益求精,不以多少论优劣。学生喜欢的作业,多一点未尝不可。作业的形式上可以丰富多彩、灵活多样,不以花哨论优劣。面对喜欢的形式,学生"苦"一些也会乐在其中。面对不同的群体,作业可以有分层;面对不一样的需求,作业可以个性化。

很多教师、同学都在利用传统方式或者信息化手段收集错题,收集之后的处理与再利用却没有跟上,导致错题集使用效率并不高。错题收集之后,教师应该指导学生对错题进行分类,对错因进行分析,让学生将纠错的过程细致化,能够举一反三、触类旁通,错题本才能起到应有的作用,纠错才能达到理想的效果。为了激发学生纠错的积极性,教师可以对错题进行再利用,尝试将部分错题纳入期中、期末考试。学生慢慢地养成自己找错、自觉纠错的习惯,学会在纠错中享受作业的乐趣和成就感,在写作业中提升能力和素养。

集体备课也是不少学校高度重视的创新实践。从流程上看,集体备课要先有学科教育大概念,基于大概念通读整本书,再悟读单元,解读课时,细化教学目标、价值指向、学情分析、教学方法、课堂技巧、教学预设、智慧生成、作业设计、课后辅导等。从成果使用上看,教师既是集体备课成果的制造者和使用者,也应该是集体备课成果的后期加工者。只有经过执教教师的个性化加工,实际课堂教学才能以生为本,契合学情。如果说集体备课是为所有教师搭建进步阶梯,那么个性化加工与使用就是教师自主爬梯子的过程,是教师专业进步的过程。

精研成理

发展是硬道理,硬道理也得讲道理。学校教育更要讲道理,真讲理,讲真理。

校长在学校教育教学工作中要遵循"理",遵循教育的基本规律,遵循学生身心成长的基本规律,遵循学生认知发展的基本规律。在遵循基本规律的前提下,校长才能将学校的人与事梳理得有条有理、井然有序。

一所基础教育阶段十二年一贯制学校在举办一年一度体育节的时候,有没有考虑学生年龄、年级不同?体育节的项目设计、评价标准、教育价值有没有体现不同年龄的学生差异?体育活动有没有与德育、智育、美育、劳动教育融合?体育有没有与项目学习、综合实践有机结合?我们有没有思考怎么设置既不增加学生负担、又能兼顾学生兴趣、更能促进学生系统学习的一举多得的活动?在努力提高学生学业成绩的道路上,我们有没有考虑学生的睡眠、体质、早餐?有没有关注学生的阅读与锻炼?在解决学生过重课业负担问题时,我们关注学科作业之余,有没有考虑社会联动、学校活动、家校互动、师生行动的有机统一?在学科作业研究上,我们有没有看到做作业的学生?有没有根据学生学情进行分层,设计数量适中、质量精湛、梯度合理的作业?有没有根据作业完成情况精准分析,精心辅导,适时调整?作业精细了,要求精准了,学生精心了,学习效果自然就有了。

　　校长要擅长凝练"理"。对理的凝练有两种模式:一种模式是在先进理念指导下进行实践,用实践反哺、完善理念。校长用先进的教育理念指导学校教育教学管理行为,使先进理念逐渐成为全校师生的共识,根植于师生内心,物化为师生共同的行为,根据具体实践进行经验总结,创新理念,然后再将新理念应用于实践,实现理念与实践互相促进的良性循环,从而日积月累地促进学校教育教学品质的提升。另一种模式是基于学校特色教育实践,去粗取精、去伪存真、由此及彼、由表及里总结归纳出具有学校特征、独具教育魅力、凝聚师生智慧的教育经验、学校文化。教育是干出来的,学校教育是校长带领大家在做的过程中,从失误、教训和成功中提炼总结经验,慢慢地成熟与发展起来的。

　　此文发表于2021年11月10日《中国教育报》

行走在"迎合"与"符合"之间

　　学校教育是相对社会教育而言的,是人一生中所受教育最重要的组成部分,是由专业人员承担,在专门的机构中,进行目的明确、组织严密、系统完善、计划性强的以促进学生身心发展为直接目标的社会实践活动。近年来,学校教育越来越受到政府重视、家长关心、社会关注。学校、教师付出很多,社会、家长的不满却不少。原因很多,归结起来,无外乎是"迎合"与"符合"关系处理不当。学校教育要正确处理家长、学生的需求,社会发展的需要,与学生、社会发展实际以及教育发展规律、学生成长规律之间的关系,要考虑家长意见、社会舆论,但不能一味迎合,要坚持以生为本、符合教育规律的科学办学。

　　首先,在情绪上不要被焦虑所裹挟。教育是育人的事业,要满足人全面、个性发展的需要,教育的根本任务是立德树人。科学的教育质量评价指标应该关注全员,体现全程,落实全面,是衡量学生未来科学发展的质量指标,显然不能只是分数与升学率,更不能是少数几个学科的考试分数,少数优质高校、优质示范高中的升学率。有些家长只希望孩子在各项荣誉上不要有缺项,不支持孩子参加耽误文化课学习的集体活动。为了学生快乐成长、科学发展,学校、教师应在科学的教育质量观指导下积极进行家校沟通,而不应该被方方面面的升学焦虑所裹挟。

　　其次,在具体做法上要坚持主见。质量提升是学校教育不变的理想与追求。学校要有办学自主权,校长要有办学主见,学校教育在教育主管部门领导下,遵守党和国家的教育方针,从学校和学生的实际出发,遵循教育发展规律、学生成长规律,明确学校定位、发展目标、价值取向,科学规划发展路径,优化教育教学策略、手段与方法,配套必要制度、举措,才能实现科学持续发展。每一个学生背后都有一个大家庭,在拥有1000个学生的学校,来自家长的意见或要求一定大于1000。宏观、中观、微观的一应俱全,课堂内外的样样都有,表彰奖励与惩罚批评的一样不少,校内校外的全部涵盖,批评指责的比比皆是。这些意见涉及年级分班原则、学校课程开设、在校时间长短、课时数与作业量、课堂教学难易度、考试检测频次、实践活动开展、综合素质评价细节等方方面面,彼此不统一,处处见分歧。学校、教师面对要求各异、层次不同、标准不一的纷繁复杂意见与要求时,怎么办?

我们需要有教育主见与大智慧,努力做到"未必迎合,一定符合"。一要充分认识、理解并尊重家长的意见,但不盲目迎合家长的意愿。面对意见,有则改之,无则加勉;面对建议,认真分析,合理借鉴。二要符合教育发展规律、学生成长规律。无论学业多么繁重,我们一定要确保学生的睡眠有质有量;无论教育方式怎样简约,我们一定要确保学生的人格尊严与合法权益不受侵犯,尤其不能剥夺学生的受教育权。即便学生犯了较为严重的错误,教师也一定要给学生改正的机会,相信春风化雨总能滋润心田;即便学生成绩暂时落后,教师也要坚信每一个学生一定有区别于他人的长处,正所谓"梅须逊雪三分白,雪却输梅一段香"。

教育的力量让我们有理由相信:唯有相信学生,依靠学生,才是真正为了学生。

在自我诊断中谋求学校发展

我在"中小学管理杂志社"微信公众号上看到北京师范大学中国基础教育质量监测协同创新中心李凌艳老师的文章《学校"体检":基于学生发展的学校自我诊断》,深受启发。这篇文章激发了我对"诊断",尤其是学校诊断、教育诊断的点滴思考。李凌艳老师认为,基于学生发展的学校自我诊断应运用基于大数据的证据,帮助学校获取来自广大学生和教师视角的真实信息,以科学的"健康体检"和结果运用,引领学校改革,实现学校转型。没有大数据,学校遇到发展瓶颈,遭遇困难时,也需要"就诊",思考当下问题与障碍,努力推动教育教学改革、实践与创新,不断提高教育教学水平。

2001年11月,合肥实验学校开展"实验实验,如何实验"的大讨论,全体教职工对学校存在的客观问题提出自己的意见与建议,既做提出问题的能手,又做解决问题的专家。教职工共提出256条意见与建议,其中"应该将基础教育一贯制实验做好""应该将自育自学理念转化为可操作实践"两条建议较为聚焦,82%以上的教职工都意识到了这两点。这也是学校创办高中直升实验班,教育家何炳章先生带领大家开始自育自学实验、完善自育自学实验七个具体操作建议的动力所在。教职工的建议帮助学校找到了最近发展区,找准了发展契合点。当"要我做"转化为"我要做"并成为学校主旋律的时候,凝心聚力、群英荟萃、集思广益就成为自然,学校的强劲发展、特色形成也就成为必然。

学校需拥有自我诊断的人才储备。在教育改革和学校发展中,人始终是最为关键的因素。诸多病人不惜路途遥远,不怕费用高昂,一定要到三甲医院就诊,是奔着知名专家、精湛医术、先进设备去的。教育也一样,百年大计,教育为本;教育大计,教师为本;教师大计,发展为本。教育诊断、教育教学改革与实践需要有专家和研究性人才,需要在自我诊断与实践中历练教师,让更多的普通教师成为专家型、研究型教师。学校一定要为教师专业发展提供实践舞台,搭建研究平台,提供发展机会,倡导"勤于在工作中研究,精于在研究中工作"的精神。合肥实验学校之所以能够在"引导自学"课型改革、"做四个主人"等七个自育自学实验项目上走出一条教育教学改革的崭新道路,走出一条"轻负高质、特色鲜明、潜力无限"的独有路径,是因为有何炳章等一批教育专家一如既往地把脉、问诊、指导、激励,也因为有一群教改志愿兵默默无闻奉献,无怨无悔实践,坚持不懈探究。专家与一线老师齐心协力,实现引导学生会自育,会自学。

学校需具有自我诊断的能力水平,不断在教育教学、学校治理中强化自我诊断、自我调节功能。合肥市第四十八中学在信息学、机器人、科技创新、体育、艺术等方面成绩骄人,形成了特有的办学风格。在日新月异的教育背景下,高考、中考面临巨大变革,对教育现状构成巨大挑战。我们视挑战为机遇,未雨绸缪,前瞻思考,客观盘点学校发展可能遇到的困难与障碍,仔细分析发展可能存在的隐患与危机,积极寻求学校改革发展新思路。合肥市第四十八中学集聚优秀教师群体,发挥团队优势,集聚协作力量,在课堂效率上下功夫,在作业减负提质上下功夫,在教育惩戒方式的优化上下功夫。学校实施中考复习"三个一工程",坚持"一科一梳理、一科一讲座、一科一压轴";尝试"名师面对面"空中课堂,走出一条"分层教学、分类指导、分科评教"的新路子。在所有的尝试中,我们坚持"人在中央",将学生放在中心,把教师作为关键。

学校需具有自我诊断的实践推进。王阳明提出"知行合一"思想,陶行知倡导"教学做合一",《中庸·第二十章》中有"博学之,审问之,慎思之,明辨之,笃行之",可谓异曲同工。我们在教育教学、学校治理与诊断中,要做到知行合一,将教学实践想一想,将懂得的道理做出来。合肥市南园学校2013年6月合并之时，以三年发展规划的制定与实践为自我诊断契合点，在杨小微、徐冬青等教授、专家引领下，在全体教师积极参与下，2015年初完成三年发展规划专家论证，随后将"南园好系"列八个方面的目标进行细化，将任务进行分解，将纸上的理想安在地上，将理性目标转化为实践举措，将"德慧终身，学行天下"的办学理念渗透到学校学习与生活的方方面面。五四分段学制改革、初中预科班大胆尝试，旨在小初无缝衔接，有利于"南园好一贯"落地生根。"学思行课堂"模式创新实践，贯彻"学为本，思为要，行为旨"目标，实现以学生为本、以学生自学为本，促进学生积极思考、独立思考，为学生走向社会、参与实践提供终身受用的教育。学校将五幢楼宇命名为"慧学""慧问""慧思""慧辨""慧行"，并请学生题名，将金卫东等老师起草的《南园赋》融入学校办学理念。扎实的学校诊断与实践，催发南园学校强劲发展、特色发展。

学校需具有自我诊断的文化。教育不是一蹴而就的事业，最忌讳急功近利，也害怕浅尝辄止，需要润物细无声的境界、潜移默化的环境，需要"入幽兰之室，久而不闻其香"的意境。教育诊断与实践也如此。李凌艳老师说："诊断之于学校，就像反思力之于个体，它会预示个体和组织最终进步所能达到的高度，以及前进的速度。一所具有反思力的学校会成为一个真正具有学习力的组织，诊断文化会成为引领学校可持续发展的重要生命力。"

如何积极营造学校自我诊断文化？首先，学校要有自我诊断的长效机制，不抓突击，不搞应付，善于将学校行政行为在不知不觉中转变为教师个体自觉行为，形成整体功能大于各部分功能之和的常态。其次，教师要有自我诊断的习惯，不断反思自己教育教学的得与失。对得，我们可以认真总结，不断提炼，精于概括，成为经验，形成风格；对失，我们可以仔细分析，查找原因，寻求改进，坚持实践，不断提升。教师会在自我成长中收获成功，感受喜悦。再次，学生要有给学校做诊断的权利。学校以生为本，教学以学生为中心，学生是学校教育教学工作另一力量增长源。我们的教育教学有效还是无效、高效还是低效、成功还是失败,最终由学生说了算。一个不尊重学生感受孤芳自赏的教师,终究会走进专业发展的死胡同,一个不尊重学生意愿我行我素的学校,一定会在教育发展上自取灭亡。学校、教师、学生唯有齐心协力,将反思与改进有机结合,将理论与实践有机统一,方能营造良好的学校自我诊断文化,促进学校持续、优质、健康、科学发展。

帮助校长个性化成长的"四力"实践

合肥市叶传平名校长工作室(以下简称"工作室")成立时有王强、丁林、高伟、周武、许德凯5位成员,为使工作室建设更具规模、更有效益,又吸收了廖颖杰、张成、刘玉明、王光海、李紫龙、张陶、占明忠、杨全8位成员。大家分别来自长丰县、庐江县、瑶海区、包河区、蜀山区的10所学校,涵盖小学、初中、高中学段。工作室是合肥市第一批名校长工作室中成员最多、学段最全的一个。工作室建设遵循"区市合一,合力共进;志同道合,亦师亦友"原则,有志于"校长,个性化成长;学校,特色化生长",坚持"发展为宗旨,研训为基础,管理为切口,合作为支撑,实践为主线",积极打造"学习共同体、研究共同体、实践共同体、生长共同体",努力实现组织形式上聚集,思想观念上碰撞,实际行动上创新,项目研究上合作,协同共建中成长。

一花独放不是春,百花齐放春满园。个体成长需要积极向上、温暖温馨的集体氛围,并在不懈地实践中实现。集体的力量需要在团队合作过程中集聚,并在践行目标过程中呈现。工作室集聚团队合力,发挥集体优势,将校长专业发展与工作室智慧发展、学校特色发展有机结合起来,聚焦成员学习力、研究力、实践力、生长力提升,走出一条将"盆景"变成"风景"的校长个性化成长与学校特色化生长相结合的道路。

顽强学习力

养成良好的学习习惯,提升深度学习能力,可以说是新时代教育工作者专业能力提升的必然要求。

我们坚持向理论学习,为成员征订《人民教育》《中小学管理》《新校长》等专业教育期刊,指导大家研读教育理论书籍,要求大家关注教育研究最新成果,研究国家教育政策。2018年以来,我们尤其重视学习领会国家在基础教育方面颁布的系列文件,结合实际学习,带着问题学习,教育理论水准、教育政策水平得到明显提升。

我们向示范学习,走进全国各地22所中小学校参观、体验,学习足迹遍布重庆、成都、深圳、上海、杭州、北京、厦门、天津、无锡等城市。我们走进成都石室中学,感受千年学校办学底蕴与文化韵味。成都石室中学始终秉承"爱国利民、因时应事、整齐严肃、德达材实"的校训,深知教育成功不是一朝之功,学生成才绝非一日之效。我们走进重庆巴蜀小学,感受巴蜀律动的课程综合性、课堂生本化。重庆巴蜀小学践行"与学生脉搏一起律动"的办学理念,关注学生健康快乐、内涵成长。我们走进北京八中,北京八中充分相信学生潜质,在超常教育实践中走出一条教育创新之路。

我们向专家学习,得到了顾明远、杨小微、石中英、李政涛、檀传宝等教育专家细心指导,聆听了专家在学校发展规划、教师专业发展、学校德育创新、办公平而有质量的教育、教育高质量发展等方面的讲座。成员的教育视野更宽,教育信念更坚。

我们向同伴学习,成员之间有着相近的工作经历,更有着相似的实践困惑。我们搭建内部交流平台,实现同伴之间的相互交流,定期走进成员学校相互学习、共同提高。虽然很多时候,我们并未达成一致意见与共识,但是思想碰撞与头脑风暴,激活了大家的教育思维,激发了成员专业成长的自觉。

我们还真诚地向学生学习,力争做懂学生的校长,理解学习上有困难的学生,尤为关注情感上缺乏寄托的学生。

精深研究力

突破习以为常,打破司空见惯,聚焦某一主题,进行针对性研究,是提升自身专业实力、丰富专业发展内涵的重要举措。

我们在认真调研的基础上,让成员确定研究主题,进行项目研究、行动研究。三年中,我们组织开展了长丰县梅冲湖中学基于水文化理念的校园文化建设、庐江县罗河镇店桥初级中学教育思考与实践、合肥市梦园中学学校文化建设与提升、合肥市第二十九中学蓝天教育研讨等活动。在合肥市南园学校义务教育阶段一贯制实践及学段衔接探索研讨中,我们为学校提出实现学段无缝衔接、组织学科大教研、打造"学思行课堂"、开展预科班实践、制订学校发展规划等建设性意见与建议。在梅冲湖中学的水文化研讨中彼此启迪,我们悟出了水的哲学、水的教育学,从"水"的启示中提出教育平等观、教育多样观、教育可塑观、教育原点观、教育品性观、水乳交融观、教育归宿观等系列观点。

工作室努力为成员提供学生活动课程化案例,集思广益,开展研究。在合肥市第四十八中学的科技冬令营活动中,学校广泛征求教师意见,尤其是尊重学生意见,确定"竹文化的探究与体验"主题,并细化为"思·竹之探寻""赏·竹之美景""研·竹之文化""做·竹之创新""说·竹之雅韵""写·竹之感动"六个分项目。学生在教师指导下自主、协同完成,以小组为单位展示自主、合作、探究性学习成果,真正体现学校"以学生为本,相信学生,依靠学生,为了学生"的理念。

真实实践力

陶行知先生"教学做合一"理论要求将实践作为提升校长领导力的根本路径,将学到、悟到的经验与体会在学校教育教学实践中应用、检验与提升。

工作室每一个成员都结合所在学校核心办学理念与较为成熟的办学实践,进行创新性思考与探索。合肥市南园学校李紫龙、张陶副校长将学校核心办学理念"德慧终身,学行天下"与义务教育阶段九年一贯制办学中的幼小衔接、小初衔接有机融合,在课程建设上充分挖掘南园学校文化底蕴,借助学校内部团队力量撰写《南园赋》,是利用教师智慧、集聚教师合力的成功尝试。合肥市第六十一中学的廖颖杰校长从学生实际情况出发,针对外来务工子女的特点,将教育聚焦到学生生涯指导、发展规划上,办"走在菜市场边上的教育",建老百姓信赖的好学校,为特殊学生群体提供贴心关怀,想学生之所需,做学生之所要,解学生之所急。《中国青年报》、安徽省教育厅官微等媒体对该校办学经验进行了专题报道。合肥市第三十二中学的王强校长、刘玉明副校长践行责任教育,将责任教育落实在学校管理、教育教学的细节中。从2018年开始,每年高考发榜之时,学校一定会组织班主任、任课教师给没有达到本科线的每一名学生打电话或者家访,给予安慰,鼓励他们振作精神,期待来日精彩。举措看似微不足道,其行为功德无量。

持续生长力

在工作室建设的三年中,我们一致认为:工作室建设的成效不仅体现在个人或者集体的获奖、表彰上,还应该体现在成员具有良好的生长状态、较强的发展潜能、不竭的成长动力上。一切荣誉只不过是成员自觉生长的附属品。每个成员在任期结束后,对过往的经历魂牵梦绕,对曾经的研究记忆犹新,从业已形成的学习习惯中受益终身,才是最大的成效。

校长的三点基本素养

如何才能当一个好校长，办一所好学校？结合自己的学习体会与工作感悟，我整理出三句话，这三句话也是我认为校长应具备的三点基本素养，现在把它分享给大家。

校长的义务责无旁贷。校长是一个学校的思想领导者、道路指引者，虽然校长在学校中的作用不是万能的，但是学校没有校长却是万万不能的。思想道德好、教学业务精是成为好校长的前提，同时，校长还必须懂管理，并接受过专业的教育教学管理培训，具备与时俱进的教学和行政管理理念，有相当的教育教学管理理论素养和实践经验，在教师中具有一定的影响力、号召力和凝聚力。我始终不完全赞同"一个好校长就是一所好学校"的观点，但我也不否认优秀校长、名校长对学校发展起到不可替代的重要作用。但凡快速发展、特色发展、优质发展的学校，背后一定有一个有思想、肯钻研、勤实践、善提炼、能奉献的团队，校长则是这个团队的领头雁，是战胜困难的主心骨，是奋进时的精气神。

校长的成长不容等待。校长的使命达成度与专业水平高低、专业成长快慢紧密相连，通常校长的专业素养越高、管理能力越强、治理水平越好，学校的发展速度就越快，发展状态就越好，发展质量就越高。校长的专业成长不容等待，大家要珍惜一切专业成长的机会。机会无处不在、无时不有，机会不是领导赐予的，不是专家施舍的，而是自己有心发现、用心挖掘的。向理论学习，向实践学习；向专家学习，向同伴学习；向学生学习，向自己学习……校长要在学习、研训中成长。取得成绩时，校长要及时总结与反思，推而广之，在享受成绩中成长；遇到困难时，校长要理性分析并寻求对策，攻而克之，在解决困难中成长。校长要开阔视野,拓宽思路,创新教育,取他人之长,扬自己之长,让自己的内涵更丰满,让自身的特色更耀眼。校长要学一点教育史,学会追根求源,找到教育的原点,站在前人的肩膀上汲取丰富营养,让自己更健壮成长。

校长的状态不能懈怠。校长是学校的标杆,影响着学校的整体氛围。相比一般教师,校长在工作中会遇到更多的问题与困难,也会遇到自身专业成长的瓶颈期。有些事,不是大事,虽然没有标准答案,但还是有解的,耗点时能缓解,出点力会被理解,付出情可化解。处理问题需要校长思路清晰、细致入微。处理得好,问题或许会成为攻坚克难的经典话题。有些事,在现在看来不是要紧事,但影响长远、意义重大,如大政方针研究、学校政策解读、学校发展定位、未来发展规划、团队智慧集聚、个体力量彰显等。这些事情,一天不重视,不影响学校发展,只有校长自己知道;一学期不重视,对学校发展影响不明显,本校教师知道;三年不重视,学校发展显出短板,社会看得清。校长在学校里,无论遇到什么困难,都不可将负面情绪传递给教师,更不能因此影响到学生。校长阳光,教师的心里才能充满正能量,学生的学习生活才能被阳光照亮。

校长不断成长,学校才有发展希望;学校有希望,教师才会斗志昂扬;教师有力量,学生的成长方能得到充分助力。

研究型校长的必备品格

《中小学管理》杂志原主编沙培宁老师的专题报告《作为研究者的校长》,引发我的一些思考,使我受益匪浅。在我看来,研究型校长的必备品格包括深究疑惑、述而且作、志存高远、以生为本。

一是疑惑深究。教育工作者要养成勤于在工作中研究、精于在研究中工作的习惯。校长的研究要抓住"三学","三学"即学生、学科、学习,自身教育教学实践要与"三学"有机结合起来。自觉将日常工作中的问题当作课题来研究,将平时工作的经验性实践进行梳理、归纳、提炼,才能形成自己的教学风格和学校管理风格,开展好下一步的教育教学实践活动。

二是述而且作。理念的转变不是空泛的,而是实在的,要落实在具体实践中。不身体力行、了解一线教学的校长不是好校长。传统意义上的听课、评课主要是给执教者提意见、建议。与其试图改变他人,不如先来改变自己。找到课堂中的亮点,找到值得学习借鉴的经验,自己尝试实践,进一步思考改进,也许更有益。

三是志存高远。基础教育对人影响最大的是品质培养,培养学生向善、向上的品质远比教给学生一些知识和技能影响更深。从整个人生历程来看,"爬起来"永远比"跑得快"更重要。在新高考形势下,"扬长补短"应该向"扬长避短"转变,"总分叠加"应该向"优势累加"转变。教育要正确处理全面发展与个性发展之间的关系,我们培养的学生未必要成为全才,但一定要成为有良好个性且有一定特长的人才。

四是以生为本。以生为本道理好懂,但是怎样做到因材施教、学有所教却很困难。我们要真实关注学生是不是在学习、真学习,深刻了解"教了,不等于学了;学了,不等于会了"。让学生在课堂上展示,不如让学生在倾听的基础上合作。真正的课堂应该是让学生释放未知、重视学生未知的课堂。学习共同体不是寻找不同学习者的共性，而是寻找学习者的个性。想提高学生的学业成绩，就给他一个朋友，因为帮助学生的最佳境界是让学生主动寻求帮助。

提升校长的课程领导力

学校的中心工作是教学,学校各项工作均是围绕教学开展的。校长是学校教育教学质量管理的第一责任人,"掌控"着学校全部教育教学资源,校长课程领导力是影响学校教学的重要因素,是落实课程改革的根本推进力,是校长领导力的重要体现。每一所学校都有自己的教育理念、办学特色,有独具特色、不同于他校的发展历程,学校的个性特色是校本课程体系建设的基础。能够体现自身个性特色的校本课程才是有生命力的课程,贴近学生生活、学习的课程才能真正激发学生的兴趣,受学生欢迎。校长提升课程领导力的关键在于把握教学本质,引领教学理念,因校制宜地构建一体化校本课程体系,坚定不移地把校本课程实施落到实处。

构建一体化校本课程体系

合肥市南园学校从学校与学生实际出发,结合九年一贯制学校特点,以学科体系为主线,以学生认知规律为教学基本原则,以学科素养培养为核心,以学科思维方式优化为重点,实现了义务教育阶段的学科教学一体化设计。在一贯制体制下,小学、初中学段各学科教师既分工更协作,既分段更一贯,形成合力,最大程度贯彻九年一贯制学科课程标准的要求与目标。

《义务教育语文课程标准》中的写作能力课程目标分四个不同学段分别提出相关要求,除了质的规定之外,还有量的规定。课内习作每学年16次左右;作文每学年一般不少于14次,其他练笔不少于1万字;45分钟能完成不少于500字的习作……将不同学段量的规定性要求细化到每一个学期、每一个学年,这样才能形成不同学段之间的无缝衔接。不同学段之间的无缝衔接很重要,其中小学与初中的无缝衔接尤为关键。南园学校小学、初中语文教师将指导学生从写一句话到写几句话、从写简单的话到写比较复杂的话、从写一段话到写一篇文章、从写全到写好,从写完整到写完美的写作教学,整合形成一套完整的课程,利用一贯制条件开展一以贯之的教育教学,真正实现学有所教。

学校2014年初开设预科班,对国家课程方案进行有效整合,将传统意义上的六年级打造成小初衔接的过渡年级。这种做法既完成了对小学阶段的总结,又对初中内容进行了有效的铺垫;既注意学生在小升初阶段的学习过渡,又关注到了学生的心理成长。

落实特色校本课程实施

用9年或10年时间完成普通中小学12年的教育教学任务,是合肥实验学校最重要的办学特色。《合肥实验学校基础教育一体化、全方位、未来型改革实验方案》(以下简称《整改方案》)将课程分为必修课、选修课、活动课、自学课4种,将课时数减少。9年课时数比正常情况下的课时数少1234节。因此,各个学科教师若想通过争课时,或加班加点的方式来完成预定教学任务的想法和做法是行不通的,唯一的出路只能是端正教学思想,改革课堂结构,切实培养学生自学能力和习惯,不断提高课堂教学效率和质量。只有长期有意识、有针对性地培养学生的自学能力,到第三学段(高中段)后,课堂才可能成为以学生自学为主的"学堂"。

但在校本课程实施初期,为了拼升学率、拼分数,学校在课程设计上偏离了《整改方案》,或者说没有严格执行《整改方案》。除开设英语、古诗文等课程外,一段(小学段)语文、数学等主要学科4年的总课时数与普通小学6年的总课时数相等,使教师、家长产生误解,认为实验学校课程是普通学校课程的"压缩饼干"。家长对学校办学理念、办学特色、办学手段的科学性、独特性产生怀疑,也导致学校内部对实验的科学性、可持续性产生了动摇,失去了开展"探讨常态儿童较为超前发展"实验的强劲势头与强大动力,影响学校整体教改的实施。学校的这种做法在短期内,看似比较有把握与其他学校拼升学率、拼分数,但是失去了自己可持续的发展力,失去了宝贵、优质的教育资源,是学校教育的一大失误。

经过反思,合肥实验学校进一步调整课程设置,扩大课程设置面,增设校本课程门类,让学生有更加广阔的学习、思维空间;减少课时数,减少每门课周课时数,减少每周的总课时数,让教师必须进一步探索教育方法与手段,向时间要效益,向方法要质量,让学生有更加充裕的思考、探索的时间;加大课程实施监督力度,让教师的教育教学活动更加扎实,让学生真正接受高质量教育。

校本课程实施基于国家课程,依靠地方课程,立足学校实情。校长的课程领导力不仅体现在校本课程的构建上,更体现在排除阻力、心无旁骛的落实上。

校长的点子与教师的担子

除了正常教育教学工作，教师还承担着其他千头万绪的学校任务，没有明显的上下班概念与时间节点，压力很大。教师任务重，班主任承担的事务更多。校长的统筹规划、合理安排就显得尤为关键。校长必须要有点子，有了点子才能减轻教师的担子。

首先，校长不能将所有校园任务机械化、简单化、叠加化传递给教师。学校不能因教育教学管理的事务繁多而混乱，校长的点子要使教育教学程序更科学、工作流程更通畅、教师工作更顺心、工作效率更高效。校长要在办学上有主见，坚定信念不动摇，采取措施不含糊，有统筹兼顾意识，有善弹钢琴思维。在制定一年或者一个学期的工作计划时，校长对学校的全面工作要胸有成竹、心中有数，有统一规划、整体设计，有分步实施、分层要求，要借助好学校班子成员、中层干部、年级组、教研组的力量。教师的工作、生活与其他职业相比有自己的特点，尤其是在作息时间安排上，是比较程序化的。校长要尊重教师的生活、学习、工作规律，合理规划，实现一年至少一个学期"早知道"，不占用教师八小时以外本该休息的时间。

其次，校长要给班子成员、中层干部、全体教师做出示范。"磨破嘴，不如迈开腿。"校长不仅要亲力亲为，而且要率先垂范，亲身示范。例如，在德育活动实施上，校长要按照教育价值指向进行活动整合和活动设计，不能有应付心态。团队活动设计可以将科技节、体育节、艺术节、学术节、读书节、演讲节等相关实践活动有机结合起来，实现平台与舞台的合二为一。社会实践活动的设计，可以将春游、秋游、研学旅行、社区服务、主题班队会、项目式学习、研究性学习、远足毅行等活动进行整合。合肥市第六十八中学组织全校师生远足大蜀山，将社会实践、团队活动、党员活动、研学旅行、主题班会、生物学科标本制作等多个子项目整合成一个大活动。这些子项目各有不同的教育点,既有统一行动,又有个性特征。更重要的是在多样化的项目设计中,教师教得轻松,学生学得开心,各得其所。

学校教育教学活动非常多,内部有学科教研活动、年级组活动、课题研究、问题探究、主题研讨、校本研训、学情分析、试卷分析、个性化学习指导、家长学校、各类听评课、家长开放日、校长接待日、教师特长展示、教研组特色活动展示、教育风格展示、学年度研讨会、学术年会、教育科研基地学校创建、新教师培训基地、区域性学科基地建设、名师工作室、名校长工作室、名班主任工作室、特级教师工作站等,外部还有教师支教、兄弟学校参观、教研片活动、教育主管部门视导调研、各级教研部门活动、送教下乡、对口帮扶等。面对名目繁多的教育教学活动,校长要学会统筹整合,将各项活动纳入一个大计划中,在不增加活动次数、不延长活动时间、不随意改变活动频率的条件下,将要开展的各项工作整合到一学期、一学年的计划中,提前"七定"。"七定"即定主题、定时间、定地点、定主持人、定参与人、定发言人、定记录人。如,具体学科的教研活动就可以将常态教研组活动、课题研究、听评课、名师工作室、教师支教、教研片活动、专项视导等有机结合起来。经过整合的学科教研活动要做到主题精准,事前认真准备,流程规范流畅,确保活动质量,否则就是穷应付、走过场、搞形式。

校长对一个学校的领导,主要是领导思想。校长的点子就是不让任务机械地叠加变成教师的担子,而是将外在压力变成教师自我成长的动力。"干不干看态度,怎么干看智慧",校长的智慧就是要运用统筹学原理对学校各项工作进行科学安排,能动优化,不断激发教师的主观能动性、主动自觉性,使校长的"他觉"在不知不觉中变成教师的"自觉",把被动完成校长布置的任务变成教师自我实现的主动追寻,使得教育教学工作过程成为快乐的体验与幸福的享受。

开展活动要体力,轻松愉快靠智慧。唯有精心策划、用心设计、细心实施,才能收获教师成长、学生发展的成就感。

做一个懂教师的校长

百年大计,教育为本;教育大计,教师为本;教师大计,发展为本;发展大计,内驱为本。教育是育人的事业,教师既是教育的主体,又是教育的客体。教师给学生以教育,也要在教育他人中实现自我成长。

校长的职业生命与价值往往与一所学校持续发展、特色发展、健康发展紧密相连,校长的教育思想与办学主张是一个学校发展的智慧引领。校长的首要职责当然是教育学生、发展学生。教师与学生密切相关,教师的性格在一定程度上影响着学生的性格,教师的发展引领着学生的发展。因此,校长的主要职责也应包括发展教师、成就教师。教师实现自身专业发展是他们的权利,也是他们的义务。校长在学校教育教学活动中要充分相信教师,切实依靠教师,努力发展教师,将激发教师的内在驱动力作为自己神圣的使命与永恒的课题。怎么做到发展教师、成就教师?一言以蔽之,即懂人、识人、提升人。

"懂"从心,"心"与"董"联合起来表示"心里面掌握着各方面的情况""心中有数"。"知己知彼,百战不殆"的核心要义就是懂你、懂我。对校长而言,懂教师是基础,识教师是关键,提升教师是目的。校长要知晓教师学习经历、工作履历,了解教师个性特点、成长需求,洞悉教师发展潜质、目标追求,想尽一切方法调动教师的积极性,进一步有效启动育人工程。

懂人,就是懂得尊重人、相信人、理解人,即对教师个人身份、职业价值、人格尊严的认同与尊重。现在中小学教师受教育程度明显提升,大多接受过高等教育,专业更加精深,文化底蕴更加深厚。校长必须从内心深处尊重他们、相信他们、了解他们,唯有如此才能激发教师自觉发展、自愿成才。在这个过程中,校长要主动去懂,而不要被动地知晓；要快乐地懂，而不要痛苦地发现；要帮助性地懂，而不要旁观式地了解。

识人，就是通过平时各种渠道了解教师的工作、学习情况，从中发现教师的工作亮点、性格特点、兴趣特长、教学风格，在力所能及的范围内为教师提供专业发展的方向引领与指导。"千里马常有，而伯乐不常有"，校长应该在了解教师的基础上帮助他们扬长避短，明确职业目标，当他们取得成绩时，积极鼓励，让他们百尺竿头，更进一步；当他们遇到挫折时，拉一把，帮助他们重新燃起希望的火苗。

提升人，就是管理者必须为教师尤其是青年教师专业化发展搭建各种平台，积极帮助、支持、引领。提升人，需要不断激励教师使之有持续的进取力量，需要不断勉励教师使之有良好的学习习惯；提升人，需要不断鞭策教师使之有发现问题的能力，需要不断刺激教师使之有改进工作的激情，促进教师朝着有思想、有理想、有风格的方向发展。教师享受到教育成功，体验到教育幸福感，提高从教的幸福指数，才能有效克服职业倦怠。从这个角度来看，校长的定位就是乐于成全教师、善于成就教师的教师之梯。

我做校长的三所学校里，有相当一批教师个性鲜明、特长突出、风格明显。这些教师都有擅长的、感兴趣的领域，在校本课程、校园文化、课堂教学等方面为学校发展作出了不可忽视的贡献。虽然离开学校多年，但我至今还记得那些有创意的、生机勃勃的活动和课程，如，"数学好玩"校本课程的开设、数学课外阅读代言人活动，"三五三"阅读倡导与实践、美瞳合唱团品牌打造、没有班主任一周、日记交流也成课，"你与我"与"泥与火"、每周一曲欣赏、《南园赋》的撰写、单元目标教学实施、自学室创办、预科班实验，等等。校长要善于将教师的"人"与教育教学的"事"结合起来，将教育现象产生与教育本质的追根求源捆绑起来，将教育实践中的"偶然"与教育规律的"必然"联系起来。学校教育是一项艰难的事业，又何尝不是一项神圣、幸福的事业。

热爱教育的校长，会在平时的交流中做有心人，习惯在不经意的聊天中有意"试探",在一般性的接触中重视不一般的工作信息,尝试在释疑解难中显示真功夫与真本领,努力在总结提炼中显示真能耐与真水平。做到这些的关键是争取对每一位教师的教学风格、教学特点都了如指掌,努力对每一个教师的教育难点、攻关重点都烂熟于心。

教师带着教育教学研究之惑向校长讨教,校长未必能解决他的问题,但可以成为他解决问题的依靠,这就是校长职业价值所在。教师获得工作学习成果,并愿意将校长作为他幸福分享的首个对象,这是校长的职业幸福所在。世界上难道还能有比这更实在、更久远、更幸福、更有意义的事情值得我们愉快去做、坚持去做的吗?!

为学生学习减负,给自己职责加压

中共中央办公厅、国务院办公厅印发了《关于进一步减轻义务教育阶段学生作业负担和校外培训负担的意见》,要求"切实提升学校育人水平,持续规范校外培训(包括线上培训和线下培训),有效减轻义务教育阶段学生过重作业负担和校外培训负担"。从学校层面来说,实现"减负",至少要在两个方面进行彻底改变。

一是教育的评价机制必须彻底改变。教育评价改革在国家政策、社会共识上已经取得一致认可,但是在现实中往往落不到实处,结果性评价依然是主导。实际上,教育评价在一定范围内可以进行较大程度改革,如,市级中考评价可以在市域范围内进行改革,省级高考评价可以在本省范围内进行改革。

如果教育评价的依据依然只是中考、高考科目的文化课考试成绩,那么考前的强化训练就不会停下来,学生课业负担就不可能降下来。中考体育加试、实验考查项目也出现应试化趋势。中考考排球,教师只教排球,学生只练排球,学校到处有排球,街头随处见排球。中考考立定跳远,教师就只教立定跳远,学生也只学立定跳远,家长只会关注立定跳远。教育应试的指向一天不变,学生过重的学业负担就一天不会减。教育评价空间狭小容不下学生理想的发展空间,教育评价的急功近利怎么也无法满足学生长远发展的渴求。

二是教育教学手段必须彻底改变。教育工作者务必树立正确的教育理念,有着为学生终身发展负责任的意识,办对学生负责任的教育。我认为:教育观念的转变是比较容易的,但将先进的教育理念转化为务实的教育实践,彻底改变教育教学手段是比较艰难的,是一个痛苦的过程。从某种意义上来说,学生过重的课业负担是由课堂教学低效率造成的,是课内课外作业的低功效带来的。

我们在实施课堂教学改革中,必须有"限时发言"的意识,不要想着时间不够,可以加班加点。一周五个课时被扩展到八个、十个课时,五天上的课延长至六天甚至七天,课堂完不成的任务留到课下,学校完不成的课程延伸到家庭,白天完不成的任务留到晚上。教师必须有在规定时间里完成教育教学任务的责任,必须有在同样时间里产生高效益、长效益的能力。我们在上课之前就要吃透教本,熟悉案例,把握学情,掌握规律,牢记我们的"教"根本上为了学生的"学",不断优化教学方式,不断改变教育模式,真正实施因材施教。合肥实验学校进行"引导自学"课型改革,设计了明确自学重点、围绕重点自学、交流自学情况、点拨自学得失、巩固自学成果五个环节,不断强化学生个人自学、小组讨论、全班交流,注重教师引导、学生自学,用学的效果来检验教的水平,用学的长效来证明教的能力。学生刻骨铭心的记忆才能彰显我们教学永恒的魅力。

三是作业设计与实施必须彻底改变。布置作业要注重针对性、选择性、巩固性、有效性,不加任何思考的作业布置实际是在摧残学生、折磨学生。在作业布置上,教师必须明确作业意图,要有选择地布置作业,提高作业质量,关注作业对学生思维能力和动手能力的培养,关注学生的学业差异;必须合理控制作业量,能在课堂上完成的坚决不留到课下,能在学校完成的坚决不留到家里,能一次巩固的作业坚决不重复。在作业形式上,学校应积极尝试多样化作业,书面作业、口头作业、阅读作业、动手作业适当穿插,教师、学生自己创编作业,班级同学相互出题。在作业反馈上,教师要做到有做必批改,有改必反馈,批改及时、仔细、正确;多写激励性评语,提升学生作业的兴趣和信心;记录学生作业中所暴露出来的问题,详细分析共性错误,找出根源,有针对性地进行集体讲评;对个性错误进行个别辅导,为日后更好编制作业积累素材;鼓励学生自己动手编辑错题集,相信学生有能力不犯同样的错误。学校要加强对作业的检查与调节,将定期检查与随机抽查相结合,既看作业量,又看作业质;既看作业布置情况,又看作业批改情况;既看批改情况,又看反馈情况;更要关注学生作业订正情况,检查学生作业的正确率、整洁度、纠错率等;组织开展年级组、教研组的作业展览活动,通过相互欣赏、相互比较,发挥榜样激励和引领作用。合肥实验学校长期从事有效作业的研究和实践,正因为如此,合肥实验学校的学生在学习上更轻松、愉快、高效,能在晚上九点半休息,中考成绩也能连年在全市名列前茅。

我们的课堂是高效的,学生的作业是有效的,社会、家庭就会对我们的教育微笑。

什么是"更好的教育"

"更好的教育"位于人民对美好生活"十大期盼"之首,是学校教育的奋斗目标。

更好的教育应该是有个性的教育、有选择性的教育、学有所教的教育。人有个性要求,需要个性满足,追求个性自由。人本化的教育应该是在坚持社会性的基础上,满足有个性特征的学生的发展需求。

学生有教育的选择权。社会发展、教育进步的表现之一就是社会成员在接受教育上有更多的选择机会。我们不要埋怨家长无止境的教育需求,因为教育需求是家长的权利,也是我们进步的阶梯;我们不要埋怨当今的学生不如从前,因为时代在变,也许是我们没有跟上时代步伐,没有充分了解、理解学生的发展需求。看到工作中的不足是我们前进的前提,找到问题解决的路径是我们发展的关键。社会、家长对教育的"不满"是促进学校发展的外在动力;积极主动查找问题,寻求问题解决的途径是学校发展的内在活力。

更好的教育应该是关注学生明天发展状况、后天幸福指数的教育。学校的教育为了学生,围绕学生,要满足学生今天的进步需要和明天的发展愿望,但是不能急功近利,更不能唯利是图。我们不单方面迎合家长,不一味片面、被动满足家长,我们的教育务必有主见,务必符合教育本质,务必遵循教育发展规律,务必遵循学生身心发展规律。我们的评价中少不了对文化课学业的评价,少不了中考、高考成绩,但是分数不应在应试背景下急功近利地获得,不应在家长、教师强迫下被动、机械获得,不应在失去德育、体育、美育和孩子们兴趣爱好的情况下获得。我们要有含金量的分数,有可持续发展的成绩。

天生我材必有用,教育对象不同,培养目标、教育方法、评价标准不同,教育期待也不同。更好的教育,在今天的社会环境和教育环境下,应该是耐得住寂寞的教育。

面对学前教育"小学化"现象,我们要能够坚守幼儿教育的规律与原则,将儿童的兴趣、爱好放在首位,让儿童有儿童的权利和享受。面对中小学教育中存在片面追求升学率,挤占体育、美术、音乐等学科课时,学生课业负担过重等现象,我们要坚持让学生全面、健康发展,坚持"人在中央",快乐第一,健康第一。当别人还在埋怨教育、怪罪社会的时候,我们要耐住寂寞苦练内功,提高课堂教学效率,培养学生学习、生活习惯,提升学生综合能力。经济学中有"边际效应",教育其实也一样。教育更需要一步一个脚印的累积,来不得半点空泛、虚伪和急躁。我们是为学生未来发展奠基的人,是为学生明天进步提供动力的人。让学生有浓厚的学习兴趣、优秀的学习品质、良好的学习习惯、强大的学习潜能,能做到这一点,我们的学校教育就是"更好的教育"。

我来说说：名校长与"名校"校长

当校长的都希望自己任职的学校是一所"名校"，自己是"名校"的校长；或者希望学校在自己任期内慢慢演变成为"名校"，成为学生梦寐以求的学习之地，自己成为一所"名校"的校长，成长为名校长。

理想很丰满，现实很骨感。在极其有限的职业生涯、少得可怜的任职时间里，有的同仁虽耗尽毕生心血，用尽教育智慧，梦依旧只是梦。一些校长即便坐在名校校长的位置上，因为没有教育思想做引领，没有教育实践做支撑，没有执着的精神为动力，时间再长，也只能是一位"名校"的校长，不可能成为"名"校长。离开岗位时，回首过往，认为自己已基本实现愿望的校长不少，觉得还留下点遗憾的校长比比皆是，能够说心想事成、如愿以偿、出类拔萃的校长，一定是少之又少，可谓凤毛麟角。这也印证了教育一定是遗憾的事业，校长终究是遗憾的职务。

教育一直将"办好每一所学校，成就每一位教师，发展每一个学生"作为美好愿景，学校教育需要坚定绘制教师、学生与学校一体化发展的蓝图。在蓝图绘制过程中，校长的作用是功不可没的。苏霍姆林斯基指出："领导学校，首先是教育思想上的领导，其次才是行政上的领导。"《教育部等八部门关于进一步激发中小学办学活力的若干意见》中提出，"鼓励校长勇于改革创新，不断推进教育家办学治校"。教育家办学治校的基本内涵，就是要求校长"政治过硬、品德高尚、业务精湛、治校有方的高素质专业化"（《中共中央国务院关于深化教育教学改革全面提高义务教育质量的意见》）。显然校长的办学治校能力与自身专业成长紧密相连，名校长的养成不仅是教育主管部门的"他育"，组织部门的"他掘"，也是校长在准职务生涯与职务生涯中的"自育"，是本人在教育教学管理中慢慢生长的过程，是自己将想法转化为实践，在实践中不断纠正、改进与完善的过程。这个过程需要组织部门、教育主管部门的指导、帮助与支持，还要有酸碱适度的土壤、温馨适宜的氛围，需要有凝聚力的团队、明晰的办学目标，需要有科学的路径、扎实的实践、持久的毅力。

名校长的成长历程不是个人的孤单旅行，而是团队成员的长征，名校长要会带团队、练队伍。班子的团结是第一位的，团队的向心力是关键性的，攻坚克难的意志与决心是决定性的。校长只有带领这样的一支队伍，从司空见惯中找准突破口，在习以为常中找到不一般，才能寻找到学校新的生长点、发展力，找准学校最近发展区，让学校始终充满生机与活力。

名校长的成长不是被动等待的结果，而是主动有为的创造。校长的课程领导力、执行力提升就是校长专业化成长的最好历练。陶行知先生主张"生活即教育，社会即学校，教学做合一"。学校课程建设可尝试将学校变成一个大课堂，对每一项活动进行课程化设计，对每一处设计进行教育化打造，让每一名教师成为流动的课程，让每一个学生成为灵动的课程，让每一处场景都变成可以育人的课堂。

2013年，在合肥市南园学校整合建制过程中，我们用了13个月的时间，在华东师范大学杨小微教授、复旦大学徐冬青教授的亲自指导下，集中群体智慧，确定了"德慧终身，学行天下"的校训，并以此为指引制定了学校三年发展规划，明确"南园好系列"（即好一贯、好课程、好课堂、好校园、好班级、好教师、好学生、好质量）的办学目标，制作了体现南园特色、中国特征的学校标示。以金卫东老师为首的语文组团队撰写了显现南园历史、体现南园积淀、彰显南园未来的《南园赋》。南园课堂明确以"学为本、思为要、行为旨"为教学理念的"学思行课堂"，学校的五幢楼宇被命名为慧学楼、慧问楼、慧思楼、慧辨楼、慧行楼。学校于2014年开始小初衔接实验与实践，举办2014初中预科班，尝试"五四学制"实验，并申报了市级教育科学规划课题加以研究，在课程建设、课堂教学、学法指导、学生自学、家校共育等方面积累了积极有益的经验。在区委区政府的支持下,学校开展南园学区联盟实践,探索幼小有效衔接、小初无缝对接、初高有机链接的基础教育一贯制实践之路。学校坚持以生为本,实现学有所教,让学生自主举办"我与母校有个'乐'会"班级音乐专场。学生自主申请开办"小世界"广播站,以"小世界,大境界,小主人,大未来"为办站宗旨。学校始终将学生放在立场首位,始终将学生放在学校中央,努力实现学有所教、学有所乐。我深刻地体会到:三年时间不算长,短暂一瞬;三年事情不算少,用心才好。进步的是校长,成长的是教师,发展的是学校,受益的是学生。

名校长不是一个职务的符号,而是一道教育的风景。立志有所作为的校长的工作逻辑一定是:既然有位,务必有志;既然有志,必须有为;既然有为,必须坚持;一旦坚持,必有成绩。名校长带领名团队,名师打造名校,名校烘托名师,名师精心育人,学生健康成长,教师专业发展,校长在教师发展、学生成长与学校发展中得到成就感、幸福感与自豪感,名校与名校长互相成就。

名校的校长是组织任命的,有任期,届满即换,达龄即退,无为即免。名校长一定是自我生长的,不是简单的位置嫁接能成就的。如果仅仅是名校的校长,只是职务,是有任期的。而名校长是终身的,一直生长,渐成理想;一朝成就,终身拥有。他既可以生长在名校,集名校校长与名校长于一体,也可以在一般学校之中,在数年的办学历史累积中,立足百年育人,十年磨一剑,渐渐生长,慢慢茁壮。

名校长的成长经历比名校校长的头衔更重要,在对教育的贡献与作用上,名校长比名校的校长更显著。

教育需要关注细节

教育是一项追寻本真的事业，需要我们教育工作者严格遵循教育的基本规律与学生生理、心理、性格等成长规律，遵循学生成人、成才的基本规律。尊重教育客观规律最为关键的要素就是接地气、落到地上，从实际出发，实事求是，有科学的教育观、学生观、人才观。任何一个孩子在儿童时期就有选择性表达取向，如果教师与家长没有科学的引导和教育，作出学生品质差的误判，可能会给学生具有倾向性的心理误导，导致学生好撒谎。有些教师和家长在指导孩子学习上缺乏具体、可行的指导方法，只会不断地在孩子面前念叨"抓紧时间""珍惜时间""快一点""不要磨蹭""时间来不及了"，说了很多，强调了许多，但是效果很差。效果很差的原因在于：孩子在十岁之前基本上没有抽象概念，如果我们的要求泛泛、不具体，孩子根本不知道怎么去做。

教育是一项着眼个体的事业，需要我们教育工作者在普遍性教育规律的指导下，客观分析个体，使用具有个性特质的教育手段与方法，实践个性化教育，实现学有所教。孔子提出有教无类、因材施教，党的十八大报告提出要学有所教。我们强调全面教育、全员教育、全程教育，在实际教育教学实践中，往往会更多关注到教育共性的一面，忽略了特殊情况和学生个性。我们对多元智能理论、全纳教育理念耳熟能详，但在实践层面上总是想一套做一套，言行不一，最终伤害的必然是孩子。一些教师在总结教育教学工作时往往报喜不报忧，以少数成功来佐证自己做法的科学，以偏概全。在统一的升学要求下，"早七点，晚七点，作业要到十二点"，学生没有锻炼时间，没有起码的休息时间，甚至没有了遐想的时间和空间。这些做法在不同程度上违背了教育规律，有悖于育人基本宗旨。真正专家型的教师则是在研究中进行教育，比较关注少数问题学生，注重个案研究、叙事分析、跟踪调查、耐心指导，尤为注重过程关注和分析。

尊重规律，关注具体，务实实践，旨在向"善"改变，才能真正让所有孩子在学校得到良好的教育、合适的教育。尊重教育规律、注重个体实践两个基本层面的正确、科学、有效实施，均需要有科学的态度、严谨的精神、关注细节的行为。中小学教师从事一线教育教学工作，在从事个案分析、案例研究上有得天独厚的条件，多进行一些扎根研究、本土实验，贴近自己的教育教学实际，贴近自己的学生，了解学生的学习与生活实际，关注他们的表现，了解他们的需求，分析他们的问题，找到行之有效的对策，坚持不懈实践，必有所获。

想做一件事，我们会寻找科学方法；不想做一件事，我们一定会找到理由。暑假作业一直是我们中小学教学实践中的软肋，教师苦口婆心地要求，结果依然年年不理想。学生的心声是：暑假作业两个月，教师只写一个"阅"。暑假作业存在的普遍问题是有作业，没检查；有过程，没反馈；有思考，没指导；有实践，没实效。针对上述问题，我在学校担任校长期间曾尝试以班级为单位，组建了假期互助合作小组，探索解决问题的方法。学生以一周为周期，以小组为单位，以合作为形式，以互助为关键，四人一组，每周集中一次互查上周作业，说出满意之处，提出本周疑惑。小组活动安排在周六或周日，大家共同学习，上午完成书面作业，下午可以在家长带领下进行户外集体活动，参观或游玩。这不仅真正体现学生自主、合作、探究性学习，又融洽了家长和学生之间的关系。通过尝试，我们发现假期互助合作小组不仅能够督促学生按时按量完成暑假作业，而且能够帮助学生高质量地完成作业，更为重要的是，培养了学生自主、合作、探究性学习的习惯和能力。

中小学一线教师可以主动与高校、教育研究机构合作，寻求他们的理论指导与前沿引领，分清当今教育上的真问题与假命题，解决教育教学一线实践和研究过程中存在的深层次、高难度的教育问题，逐步实现自身的专业化成长，积极探究基础教育在教育教学上的有效模式，切实提高育人质量。

寻找普通高中质量提升之道

"发展公平而有质量的教育"是政府工作重点、社会关注热点、学校工作中心、家长关心核心。发展高质量、有品位的高中教育是我们教育人光荣的责任与神圣的使命。

高中教学：真根本

现行高中教学中不同程度地存在忽视课堂本根、忘记学科本质、丢失教育本真的现象，陷入"一提质量就要补课，一说考试才是教育"的怪圈，没有形成全方位、抓系统、抓三年的提升教育质量的良好教学生态。学校较多抓刷题、抓考试、抓排名充分刺激学生以"提高"办学质量，较少研究提高课堂有限时间与空间的使用效率，较少研究激发学习积极性的内在动力与外在压力的关系，较少研究作业数量与质量的匹配。高考的二轮复习是考验教师教学水平、学生学习效果的重要途径，既要充分体现教师高位引领，又要切实展示学生自主学习与探究；既要走进教材、试卷，又能走出试题、课本；既要学生充分紧张，又要学生有序、系统地复习；既要注重平时训练考试的量，更要关注练习检测的质。怎样分析试卷、数据如何使用、数据怎样引领后期复习等值得我们深入思考。新课程标准修订出台，将学科核心素养地位突显出来，要求教师抓牢学科本质，活跃学科思维，掌握学科方法。

综合评价：风向标

2017年合肥市教育局在有益尝试小学生学业质量评价、绿色评价、综合素质评价等评价改革的基础上，对高中教育教学质量评价进行大胆改革,从学生品德发展、学业成绩、特长发展、身心健康,教师专业发展,学校课程建设六个维度对学校进行综合性评价。合肥市的高中教育教学质量评价从各个学校实际出发,在学生学业、学科竞赛上实施分组评价,注重发展性评价。在新的教育评价方案实施后,学校之间的差距与"生"俱来,差异有目共睹。差异性评价、发展性评价上每所学校有办头、有奔头。之后,合肥市教育局又针对农村高中教育教学质量评价提出个性化修改意见,旨在推动农村地区高中学校优质化、特色化、可持续发展,引导学校、教师树立全面质量观、科学育才观、长远发展观。

教育科研:动力源

高中学校之别千千万,质量提升之路千万条,其中有一点一定是相通的,有一招一定是靠谱的:走教育科研之路。真正研究教育发展中的问题,研究高中教育中的真问题,遵循教育发展与学生身心发展基本规律,才是对教育本真的追求。教育是需要创新的事业,但是教育往往又是最容易保守的事业,部分教师习惯拿经验说事,习惯走固有道路。面对"00后"学生,我们有没有试着去理解十七八岁年轻人的心?面对学科学习上的难题,我们有没有独特的思维引领?面对培养学科核心素养的要求,我们有没有既能仰望天空又能落地生根的招?面对学生成长过程中的困惑与烦恼,我们有没有应对之策、解决之方?面对家长和学生个性化的教育需求,我们具不具备优质、多样化的教育供给?面对学生过重的课业负担,我们有没有集约型教学策略,敢不敢走别人没有走过的路?面对司空见惯、习以为常的高中教育问题,我们是业已麻木还是有解决问题的冲动与能力?

我认为,一切教育问题的发现离不开思考,所有教育问题的解决离不开智慧,任何高中教育的进步离不开教育科研。在研究中质量提升之道更加明晰,在工作中质量提升之念更加坚定。

引导学生自育自学的实践探索
——学校案例之合肥实验学校

1987年,时任合肥市教育局业务副局长的何炳章先生创办合肥实验学校。合肥实验学校起步时只有1个班4位教师36名学生,隔年招生,后来发展到有三孝口、九珑湾、包河花园3个校区,共42个班级133位教师1753名学生。这是一所用9年或10年时间完成现行中小学12年教育教学任务的基础教育一体化整体教改实验学校。它秉承"教育教育,就是教学生会自育;教学教学,就是教学生会自学"的理念,坚持进行自育自学实验,弘扬"勤于在工作中研究,精于在研究中工作"的精神,坚持"教活书,育真人",营造"自育自学、师生合作、爱满校园"的良好教育氛围,探究出一条"个性鲜明、轻松愉快、潜力无限"的学生发展特色之路。合肥实验学校为中国科学技术大学少年班培养了12位学生,每一年毕业生中有30%的学生进入清华大学、北京大学等全国著名高校就读。2004年,合肥实验学校被安徽省教育厅授予"安徽省特色示范学校"的光荣称号。

合肥实验学校走过起步艰难的阶段,克服了困难迷茫,才走上特色发展的正轨,实现稳健提升。世纪之交,面对教师发展动力不足、学生发展相对被动、学校发展缺乏后劲等问题,学校着手查找发展的瓶颈问题。2001年11月,全校开展"实验实验,如何实验?"的大讨论,在教职工大会上,87位教职工提出意见和建议256条。其中82%的教职工认为学校20世纪80年代中期确立的自育自学理念非常好,但缺少可供实际操作的方案,存在专家引领不够、专业指导不足的问题。怎样将一贯制实验进行到底?任务艰巨而神圣。

2001年,学校做过一项教师基本情况调查,调查结果显示:年轻教师占教师总数的69%,1997年至2000年学校新进教师占教师总数的

73%,有本科及以上学历的教师达100%。年轻的教师团队充满活力,有较强的发展潜质,但对实验学校办学理念、模式的认同与适应有个过程。部分新调进教师将原有的一些滞后教育理念、僵化教学模式、落后教学方法带进了实验学校课堂,对于学校的教育教学改革是一个冲击,不同程度上影响了学校管理。怎样让大家沿着引导学生会自育会自学的路子走下去,是摆在我们面前的一个艰难工作。

"画到生时是熟时",疑难之处长进处,问题是进步的窗口,解难是飞跃的台阶。学校创办人、第一任校长何炳章先生担任学校名誉校长和终身教科研顾问,亲自指导自育自学实验,并起草具体操作建议。学校坚持以生为本,以教师、学生、学校管理为切入口,探索出了引导学生会自育会自学的成功模式。

自育自学的思想出发点:以生为本

"教育教育,就是教学生会自育;教学教学,就是教学生会自学"是合肥实验学校的教育理念。这里的"学生"指的是每一位学生,而不是部分学生。人人皆有自学能力,自育自学遵循教育规律,遵循人的发展规律,充分体现了相信学生、为了学生、依靠学生、发展学生的"以生为本"思想。

引导学生会自育会自学实验的本质是一种以生为本的实践探索。《中(小)学教师专业标准》基本理念的第二条就是"学生为本":尊重中(小)学生权益,以中(小)学生为主体,充分调动和发挥中(小)学生的主动性;遵循中(小)学生身心发展特点和教育教学规律,提供适合的教育,促进中(小)学生生动活泼学习、健康快乐成长,全面而有个性发展。

从自然属性来看,人的需要主要体现在生存、安全、健康等方面,以生为本的自然属性表现为珍惜、爱护学生的生命,保障学生的安全,促进学生的健康成长。从社会属性来看,人是社会关系的总和,人是社会的主体,在积极、自主和创造性地进行生活和实践的同时,具有政治、经济、归属、认同、自尊、发展等需要。以生为本就要创造公平、公正的成长环境,尊重学生民主权利,维护学生尊严,关心学生情感需求,满足学生自我实现需要,注重学生持续发展。

教师的专业发展思路:"艺友·互动"

学生在学校能够得以充分、超前、自主、和谐发展,必须依赖一支师德高尚、业务精湛的教师队伍。教师专业发展,才有学生科学发展。加强教师队伍建设,努力提高教师队伍的整体水平,是学生成长、学校发展的基础和根本。

陶行知先生认为,教师的生活是艺术生活,教师的职务也是一种手艺,应当亲自动手去干。学做教师有两种途径:一是从师,二是访友。跟朋友操练比从师来得更自然、更有效力,所以要想做教师,最好是和好教师做朋友。基于对教师职业特点和成长途径深入浅出地分析,陶行知先生创造性提出师范教育思想——艺友制。"艺"指艺术,也可作手艺解,"友"就是朋友。凡用朋友之道教人学做艺术或手艺的,便是艺友制;凡用朋友之道教人学做教师的,便是艺友制的师范教育。

为促进教师队伍尤其是青年教师队伍建设,学校系统设计了"自育自学"研讨会,精心策划活动内容、组织形式,实践并形成了"艺友·互动"模式,保障教师学习,启迪教师自觉,激发教师创新,促进教师成长,走出一条基于艺友制的教师自我发展之路。通过实践,一批教师脱颖而出,成为学科骨干,成为学科建设的引领者。具体举措主要有以下五个方面。

一是科学设置板块。学校组织专门队伍,优化研讨板块设计,丰富研讨内涵。以学期研讨为例,学校分期设立理论学习、艺友论坛、研评课(示范课)、专题研讨、专家讲座、喜忧兼报、学情分析、"金点子"分享、总结汇报等活动,在广泛征求大家意见的基础上,将任务落实到每一次研讨会中,落实在具体人员、主题、地点、时间上,力争做到人人有事做,事事有人做。学校会在学期初第一次全体教职工会议上下发研讨会计划,做到一学期研讨计划早知道。

二是艺友轮流主持。艺友轮流主持研讨,人人有机会,个个有压力。主持人需在会前认真做准备,就研讨内容、形式、议程等会议细节同科研处、教务处以及相关教研组、年级组进行商讨,充分发挥能动性,提高主持质量,调动与会者研讨积极性。研讨活动成为学校教育科研的品牌。

三是网上实现互动。学校在"教育在线"论坛上开辟"合肥实验学校艺友自我发展"版块,校长与教师围绕指定书目自学,每月至少上传一篇读后随笔。校长点评,教师相互点评,实现师师互动。学校每月组织一次学习心得交流。读书笔记整理制作成电子稿作为档案保存,学校组织评奖,奖励优秀读书笔记撰写者。

四是相互欣赏共进。艺友欣赏卡、温馨提醒卡是艺友交流的另一载体,虽然原始,但是适用。尤其在涉及私密不便公开的意见、建议时,写卡片是一种好方式。欣赏卡写艺友的优点以及可以借鉴的地方,温馨提醒卡则对艺友在论坛上、课堂上、交流中的不足之处予以提示。

五是形成"九化"成效。"九化"是指研讨活动组织化、理论学习日常化、教育教学问题课题化、课堂改革结构化、艺友切磋互助化、专家引领高效化、个人反思习惯化、关注学生细致化、总结交流提升化。

研讨活动组织化。必要的制度是基于艺友制的教师自我发展的有力保证。学校成立"艺友制教师自我发展学校校务委员会"(以下简称校务委员会),校长、业务副校长分别任主任、副主任,教务、科研等处室负责人以及部分骨干教师是校务委员会成员。艺友制教师自我发展学校下设若干艺友班、互助组。青年教师自愿结对或在学校安排的指导教师的指导下,制订个人职业发展规划。在制订规划的过程中指导教师与青年教师共同成长,努力实现职业理想。

理论学习日常化。我们重视教师教育理论学习,要求教师学习人文、科技、艺术、体育等领域的理论知识,并将这些内容列入研讨计划。每一次研讨做到时间、地点、主题、人员、反馈的"五固定"。

教育教学问题课题化。课题研究能够培养教师"忧患意识",有助于教师发现问题,研究问题,解决问题。学校要求教师做到人人有课题,精心研究,耐心探究,实现专业成长。

课堂改革结构化。学校推进"引导自学"型课堂结构改革,以学生自学、教师引导为关键点,以个人自学、小组讨论、全班交流为关节点,激发学生在课堂上的学习主动性、自觉性,使自主学习、合作学习、探究性学习落到实处。课堂结构改革后,教师教的时间缩短,但教师上课不是更容易了,而是更难了。怎样在更短的时间里提高教学效率,怎样激发学生主动学习、主动思考的积极性,怎样引导学生开展探究性学习,小组讨论怎样才更有效果……都是教师需要思考和解决的问题。教师在解决这些问题的过程中,不断提高自身业务素养,实现了自我突破。

艺友切磋互助化。艺友论坛为实践有成果、教学有感悟、管理有思路的同事搭建了一个交流的平台、示范的舞台,也为大家思维碰撞、论点交锋提供一个靶场。教师在互尊互信的氛围中切磋讨论,在平等和谐的氛围中唇枪舌剑,共同营造彼此欣赏、见贤思齐、见贤思改、互助发展的团队文化。

专家引领高效化。学校不定期邀请国内知名专家来给教师做讲座,学校名誉校长、教育家何炳章经常应邀指导工作。教师与檀传宝、孙云晓等专家面对面,与名师零距离,了解教育最新信息,把握教育鲜活动态,探讨教育疑难,总结教学成果。

个人反思习惯化。研讨会、研评课、艺友论坛、专题研讨等活动促进教师进行教育教学反思。研评课上的"一课三备三反思",就是教师在磨课中逐步成长、走向成熟的有效方式。虽然起步艰难,过程痛苦,但是结果丰硕，回味甜蜜，有利于教师实现职业生命的不断超越。

关注学生细致化。学情分析会以年级或班级为单位，以班主任为核心，要求全体任课教师参加，对每一个学生发展尤其是个性发展情况进行深刻、全面分析。会上，大家一起客观分析，展示亮点，查找问题，寻求对策，全程跟踪，真正关爱每一个学生，对每一个学生长远发展负责。

总结交流提升化。实践固然重要，总结必不可少。学校坚持要求每一位教师在扎实教学、创新实践的基础上，每学期撰写一篇论文或者专项总结。这样做的结果是勤了教师的笔头，活了教师的头脑。学校将教师的教学成果进行结集，每年出一期《求索集》。

何炳章先生曾说过："既然——教育教育，就是教学生会自育；教学教学，就是教学生会自学；那么——教育教育，必然要求教育者首先会自育；教学教学，必然要求教育者首先会自学。""艺友·互动"的教师专业发展思路，其实就是要求教师首先学会自育自学，自我发展，进而更好地引导学生自育自学，为学生的终身发展奠基。

学生的超前发展思路："自育·自学"

以生为本要尊重学生人身权，保障学生受教育权，信任学生发展能力，相信学生发展潜质，让学生在课堂上、课堂外能够全方位、多层次地获得终身受益的能力与素质。怎样让各有差异的学生个性得以自主、和谐发展？怎样让各有潜质的学生才智得以充分、超前发展？学生拥有自育自学能力是关键。

"引导自学"型课堂，培养学生自学能力。"引导自学"型课堂有五个环节，分别为明确自学重点、围绕重点自学、交流自学情况、点拨自学得失、巩固自学成果。在此基础上，学校也鼓励教师探究能贯彻教师引导、学生自学的变式课堂。实践中，我们采用一课一人多教、一课多人同教、同课异构同教、一课三备三反思等方式磨课，努力实现学生自学充足,小组讨论充分,全班交流充实。课堂时间在学生自学、小组讨论、全班交流三个环节上呈倒三角形分配,意味着只有学生自学充分,小组交流才可能充实,全班交流才会高效,学生自学能力的培养才能得以落实。

在"引导自学"型课堂上,学生在教师引导下,强化自主学习、合作学习与探究性学习的意识,提升综合学习能力。通过"引导自学"型课堂的长期训练,学生能够从课、节、单元、册以及学科体系的角度确定自学重点,把握难点,提高抓重点、提要领和统筹兼顾的能力。在九年级中考科目复习时,学生能够自己归纳单元内容、学段内容,自主建构知识框架,自我探究知识内在联系。学生充分挖掘了自己在学习上的潜质与潜力,充分发挥了自己的想象,学习更主动,兴趣更浓烈,思维更活跃,自学更快乐。

在采用"小老师执教法"的"引导自学"型课堂上,学生更加关注合作、探究,不放过任何一个疑难问题,遇到疑难问题积极寻求帮助,调动了教师积极性。这样的课堂"不宽恕"任何一个"偷懒"的同学,不仅有利于消除学习惰性,还推动了学生能动性的发挥。相信学生潜质,唤醒学生自信,能够使学生短暂的兴趣变为持续进步的动力。2010年4月,2006级的三位同学面向合肥市120余名小学数学一线教师、教研员和部分专家开设"斐波那契数列"专题讲座,教学效果得到专家领导的一致好评。

学生有时间思考未解,有空间放飞疑问,有精力探究未知,在宽松、民主的课堂上舒心合作,在自主、合作的课堂上舒畅探究,极大地提升了学生的自育自学能力和水平。合肥实验学校的学生能在3的倍数的百数图中找出十几种有趣的规律,诠释其中的道理,有的看法甚至还"超纲"。小学二年级学生就能说出质数。"快乐成长""勇敢往前冲"的班级博客是同学之间交流沟通的平台,疑问成为同学合作的黏合剂。在"小老师"执教的《小数除以小数》课堂上,学生通过自学、小组合作进行学习,组长及另外两位组员反复给一位总是忘掉小数点移位的同学讲解、说明,直到该同学完全理解。听讲解的同学获得了知识,讲解的同学在反复的讲解中更深地理解了知识,获得成就感和满足感。课堂上不乏有出乎教师意料的发问,在上《生命的林子》一课时,学生发出疑问:"难道只有名寺才能成就名僧?如果真的这样,那么是否说明只有名校才能造就名师,只有名校方能培养好学生呢?这与和谐社会、均衡发展是否相违背呢?"课堂上一连串的疑问让上课、听课的教师诧异和惊喜。

细胞式评课使以生为本更加落到实处。"细胞式评课"是指使课堂师生互动的相关要素具体、细化,分别予以关注、记录,在事实的基础上加以分析,肯定成绩,指出不足,提出改进意见,使任课教师和听课教师都能得到启迪。课堂中构成要素细胞化,归纳起来就是"分析两个方面,关注五个环节,实现一个目标"。"分析两个方面"要求,一方面要分析学生,即分析学生自学、小组讨论、全班交流;另一方面要分析教师,即分析教师引导和点拨。"关注五个环节",即关注"明确自学重点""围绕重点自学""交流自学情况""点拨自学得失""巩固自学成果"。为此,我们设计六张表格,分别从两个方面着手记录:一方面记录教师引导情况,包括教学时间分配、教师所提问题、教师点拨实录;另一方面记录学生自学情况,包括个人自学实录、小组讨论实录、全班交流实录。表格填写力求真实、全面。评课方式发生改变,从关注教师课堂表现变为关注学生学习情况,从"听"课变为"看"课,从看热闹变为看门道。改变的是教师,受益的是学生,发展的是学校。如果说"引导自学"型课堂改革侧重提升学生学习效果,那么课外阅读的开展侧重的是拓展学生学习广度。

阅读是一个人持续发展的不竭动力。合肥实验学校在课外阅读的开展上重点强调每个学生每天坚持阅读,重在培养学生养成终身阅读的好习惯。

学校指导学生课外阅读的总方略是"化整为零,积少成多,天天坚持,务成习惯",通过四个举措予以落实。第一,明确阅读任务。学生首先明确课外阅读的总任务、总目标，然后将任务分解到学段、学期、周、天，明确具体阅读量。第二，制订阅读书目。学校参照语文教材推荐书目，结合实验学校实际，制作课外阅读课表，在学段、年级、书名、字数、保底阅读量、争取阅读量等方面做出明确要求。第三，明确阅读时间。为确保每个学生每天阅读落到实处，学校将中午12:30—13:00明确为全校阅读时间，鼓励每个学生在家阅读半小时。第四，检查阅读效果。课外阅读作业与课内书面作业一样布置，一道检查，以笔墨为凭，以笔记为证，重视阅读交流，共享阅读快乐。

语文教师每周拿出一节课作为阅读交流课，充分考虑学生需要，征求学生意见，满足学生交流愿望。交流的篇目由学生自己选择，内容鲜活，贴近学生学习、生活实际并为学生所熟知。交流起来，学生感到自然、亲切，愿意沟通讨论。学生在组内和课堂上的评价也是自主的，大家畅所欲言，思想的火花因此绽放，创造性思维活动在此产生。教师只是一个平等参与者，任务只是抓住时机引导、点拨。

在内容上，教师推荐的经典阅读与学生自选书目的"快餐阅读"相结合；在形式上，在校集中阅读与在家亲子阅读相结合，课堂方法指导与课外阅读实践相结合。阅读时不动笔墨不读书，阅读后班级交流谈体会。起步阶段重兴趣，进入角色重习惯，成为习惯重品质。

课外阅读从语文延展到数学、科学等学科，从学生自得自悟到班级阅读交流，再到开设阅读讲座、阅读沙龙。学生作为"小老师"执教的数学课外阅读专题讲座，每周一课时，让学生将平时课外阅读的收获、体会等整合成专题报告在班级、年级乃至学校展示，使全体同学共同领略数学的趣味和博大精深，形成了体现自育自学特色的"生本有效课堂"。由此派生的校本课程资源《数学好玩》受到学生喜爱。展示活动在教师的协同下，让学生自主申报，自由组合，自主选题，自制课件，自己主讲。相信学生，会带来惊喜；依靠学生，会创造奇迹。

学校的特色发展思路:"体制·机制"

为了给自育自学的教育教学改革营造良好的氛围,提供有利的体制和机制保障,让教师们放心大胆地进行改革实践,合肥实验学校从办学形式、学校文化、校本课程等方面着手保证学校坚持特色发展。

办学形式上实施从长计议的一贯制办学。基础教育阶段现有多种办学形式,其中一贯制办学形式有义务教育阶段九年一贯制、基础教育阶段十二年一贯制。针对一贯制办学形式和非一贯制办学形式的利弊,不同人有不同看法,各执一词。但合肥实验学校通过实践证明,一贯制学校有非一贯制学校难以媲美的特点与优势,尤其在改变急功近利的教育氛围上,一贯制学校的优势更加明显。一贯制学校可以在规划上从长计议,有效避免教育上的短视,能够更好地进行学段衔接,缩短学生转段不适应的时间。在合肥实验学校,小学课程教学更加直观,课堂气氛活跃,课堂教学生动、活泼;中学课程知识性强,结构严谨,教师引导、启发和学生积极主动探究相结合。小学教师和中学教师通过互相听课、集体教研,在教学方法上取长补短,共同提高,充分体现了教育的一体化和规模集聚效应。家校经过长时间磨合,沟通更加融洽和谐。

合肥实验学校首届免中考的高中直升实验班共设有两个班级。有近60%的学生选择升入合肥一中等省级示范高中,剩下40%多的学生选择本校直升。高中直升实验班在九年级第二学期开展"无缝对接,走向卓越"的专题活动,师生共同做好初高中知识衔接、学习方法对接工作。九月份开学时,直升学生能很快适应高中阶段学习,学习效果良好。两个班的学生在高考中都取得了不错的成绩,其中一个班学生高考本科达线率为72.2%,另一个班学生高考本科达线率为100%。成绩的获得,一方面证明了一贯制办学的优势,另一方面也证明自育自学的教育教学改革释放了学生的潜质与活力。

学校文化上营造爱满校园的氛围。良好的氛围和文化是一个学校的宝贵财富,能够在潜移默化中实现长效的文化育人理想。佐藤学先生认为,好的课堂一定是润泽的课堂,好的学校也一定是润泽的学校,对学生耐心,对教师包容,在和谐氛围中,不断追求卓越。而形成这种学校文化必不可少的要素是发自内心的爱。

有人做过一个调查,随机抽取了120名教师询问"您热爱学生吗?",90%以上的被测试者回答"是";但当调查者向这些教师所教的学生询问"你体会到教师对你的爱吗?",仅10%的学生回答"体会到"。可见爱学生并不是一件容易的事,尤其让学生体会到教师的爱,并感染学生,使学生热爱教师就更困难。作为十年一贯制学校,合肥实验学校学生年龄最大相差10岁左右,从来没有发生打架斗殴事件,靠的就是"爱"的学校文化。

"爱"是一个抽象概念,使抽象概念具体化、大众化,必须有落地的方式。学校活动和课堂教学是构建学校文化的重要途径。实验学校课堂教学以生为本,关注学生学情,体恤学生感受,赏识学生进步,释解学生困惑。学校组织的四大特色节日活动和社会实践活动打破了年级、学段界限。高中的学长带着小学的学妹、学弟一起参加活动,亲如手足,互相照顾,相互帮助。此景切切,此情融融,构成了学校一道独特风景。

校本课程建设上打造一以贯之的立体化课程。新课程改革向纵深方向推进,建设立体化课程是新课程改革的方向之一。怎样打造立体化课程?课程可以来源于国家、社会,也可以来源于学校、教师、学生,扎根校本,立足生本。课程就在身边,资源就在手中。

合肥实验学校每年开展体育节、艺术节、演讲节、创造节四大特色节日活动,在活动组织上下功夫,不断更新形式,不断优化内容。近十年来,我们用课程建设理念打造四大特色节日活动,使特色节日活动课程化。学校整合第二课程活动、学生社团活动,建构科技、人文、艺术、体育四大校本课程模块,并进一步丰富校本课程内涵,活跃校本课程落实形式。

在校本课程的发展中,教师的素质更为重要,教师应有合理的知识结构、高尚的人格魅力、个性化的教学风格、和谐的师生关系和勇于创新的精神,要立足更高的境界,才能在课堂上"指点江山",在课外"激扬文字"。合肥实验学校校本课程建设团队涉及语文、数学、科技、体育、艺术等学科,不少教师主动请缨要求参加校本课程建设。汤大福是2011年分流到合肥实验学校的一名中学地理教师。作为一名新兵,刚开学,他就与06级学生们一道筹划"南淝河水质调查研究"活动,将课程搬到南淝河,将课堂迁到河堤上。在这样的校本课程开设中,学生获得的不仅是知识,更有研究的方法、探索的精神和实践的意识。

合肥实验学校创办以来,历任多位校长,执政时间各有长短,任职时年龄也有差异,个人性格各有特色,但是有一点是相同的,那就是坚持创办之初的办学理念,坚持"基础教育一体化、全方位、未来型"的整体改革,走遵循教育规律的自育自学之路。何炳章先生说:"平凡的教育岗位,只有不平凡地付出,才有可能不平凡;简单的教育问题,只有不简单地对待,才有可能不简单;一般的教育方法,只有不一般的坚持,才有可能不一般。"

作为教育工作者,我们理应站在前人肩膀上,仰望教育湛蓝的天空,脚踏教育肥沃的大地,注重一线教育教学实践,始终求真,不断创新。因为教育教学实践是一切教育理论的来源和基础,也是教育理论发展的不竭动力,更是我们实现美好教育理想的基石,是教师专业成长的舞台,也是学生愉快成人成才的平台。我们在实践基础上的理论提升,不是机械、功利地总结和提炼,而是为了下一步更好地实践。

2012年12月,"叶传平办学实践研讨会"上发言
此文发表于《合肥师范学院学报》2022年第1期

合并校如何找准融合发展契合点
——学校案例之合肥市南园学校

合并校首先面临的是融合问题:不同校区的教师和学生如何融合?优质教育资源如何整合利用,实现优势互补?不同的价值追求如何糅合?合肥市南园学校在原合肥市南园新村学校、铁四局中学的基础上完成组建。如今,这所新组建的九年一贯制学校未来发展的路径趋向清晰,教师队伍建设日臻完善,学生全面成长的平台也日渐成熟。这一切都源于学校找到了融合发展的三条路径。

在目标制订中实现发展融合

合并后学校分别开展了"我的南园我的梦""我与南园共发展"等主题实践活动与问卷调查。合并前的两所学校各具特点,只有尽可能多地了解两所学校的历史特点、现实状况,才能加强两校教师的融合与交流,找准合并后学校未来发展的路径。学校发展规划制定的过程是厘清学校发展历史、弄清学校发展现状、消除学校发展障碍的过程,更是发动教师寻找学校发展良好契机和切入点的过程。因此,学校积极制定三年发展规划,并邀请华东师范大学杨小微教授和复旦大学徐冬青教授进行指导。

在学校发展规划总动员的基础上,学校各处室、各教研组以及每一位教师均要根据学校的总体发展规划,结合各自的实际情况与需要,制定适合自己的发展规划。在13个月规划制定、修改与完善的过程中,教师的主人翁意识明显增强,教师主动参与的水平与能力进一步提升。尤为值得一提的是,几乎每一位教师都能在制定规划中找到适合自己的位置,瞄准自己专业发展的方向。

在广泛征求意见的基础上，学校确定了"德慧终身，学行天下"的校训。教师的专业发展与教学风格形成都与"德慧"紧密相连，学校努力用高尚的师德引领学生，用智慧的师能培养学生。

学校通过诸多活动努力实现两校真正融合。跨学段、分学科的大教研模式，让校区之间从不了解走向了解，从工作层面的接触与研讨延伸到生活领域；教师体艺"1+1"活动不仅愉悦了身心，也增进了同事之间的感情……这些活动无不彰显着融合的魅力。

在潜移默化中实现观念融合

针对相当一部分教师教学基本功厚实，但观念落后、教育手段陈旧的现状，学校将教师队伍建设的重点放在转变教育理念上。首先在全校范围内尝试以"小初衔接"为载体，建立学科大教研机制。学校加强学科课程建设，开设特色校本课程，如思维训练课程、学法指导课程、视野拓展课程、创新实践课程等，努力实现小初无缝衔接。学校将六年级作为初中预科年级，在假期开始之前，将下学期的教材先发给学生。教师将基础知识、基本概念等任务进行分阶段布置，明确学生自学重点，提出自学要求，指导自学方法。在学生返校期间或在假期结束之前，学校采取适当方式对学生的自学能力与意识进行尝试性检测。结果让所有教师始料未及的是，学生具有浓郁的自学意识和较强的自学能力。相当一部分内容是完全可以放手让学生去学习、消化与掌握的，有些内容可以让教师略加指导，引导学生独立完成。在一个周期的实践后，教师们普遍认同学生在自主状态下收获了学习成果与快乐。学生也认为可以在教师充分信任和自身发挥积极主动性的状态下完成学习任务，在自我觉醒的基础上发现问题，通过小组合作的方式积极思考和解决问题的学习效果真不错。

实践活动的成效表明，学校在支持学生自主、合作、探究性学习的同时，也收获了教师教育观念的转变。教师在活动中自觉、自愿地克服了"不放心""不放手"的"不开放"的教育心态,深刻认识到"转变学生,必须首先转变自己;相信学生,才能培养自信的学生;放手的教育姿态,方能造就放心的学生"。

在自主合作中实现教学融合

"对每一位学生的未来负责"是学校的教育价值追求,学校将这个理念贯彻在学生活动的每一个方面。如,学校周一的升旗仪式邀请学生主持,"国旗下的讲话"聆听的是学生心声;南园之星的评选由学生自主申报,项目自己确定,理由自己表述;六一、毕业季等活动由学生会、团委、大队部学生干部自己策划、自行组织、自我评价;学校艺术节、体育节、科技节的节徽由学生设计,项目从学生中征集;学校校报报名、版面标题由书法比赛获奖的师生题写,等等。这些活动为学生全面自主发展提供了平台。

为指导学生养成合作学习习惯,改变"暑假作业两个月,教师只写一个'阅'"的现象,提高暑假作业质量,激发学生完成暑假作业的兴趣,丰富学生假期生活,学校设计了假期互助学习小组活动。四人一组,一周集中一次,四位同学轮流主持。每一次的任务包括上周作业完成情况汇报、疑难问题释解和下周任务布置。孩子们中午和爸爸妈妈一起做午餐,下午在家长的带领下参与社会实践活动。三周一次的返校日上,学生将问题集中起来在全班进行交流、讨论,请教师进行指导。学校希望通过小组互助学习的方式"逼着"学生培养自主与合作学习的意识,提升学习能力,同时也"盯着"教师务必相信学生,依靠学生,真正实现学有所教。

只要瞄准学校发展的总目标,并且将这些发展规划变成每一个教师的行为准则,落实到每一位学生的教育上,合并校就能找到融合发展的契合点。

此文发表于《中国教育报》2014年8月21日

构建"三主"德育模式的实践与探索
——学校案例之合肥市南园学校

以生为本、德育为先已成为中小学校德育工作的核心与要旨,合肥市南园学校从学生的实际情况出发,尊重学生认知成长、心理成长、教育教学等方面的基本规律,立足学生长远发展、全面发展、科学发展,积极探索德育工作的有效路径,在"三主"德育实践上取得了有益经验。

所谓"三主",即价值主导、学生主体、主动体验。首先,价值主导是核心,确定育人目标。学校德育工作要以社会主义核心价值观为引领,要把中小学生培养成为德智体美劳全面发展的社会主义建设者与接班人,实现内容丰富、形式活泼、意义深远的目标。其次,学生主体是根本,解决育人方法。学校的德育活动是学生活动,必须从学生实际出发,尊重学生成长发展的需要,符合学生认知发展规律,让学校德育成为学生喜爱、让学生受益的教育。最后,主动体验是关键,优化育人路径。活动项目来自学生,活动策划依靠学生,关注细节设计,让学生在体验中感悟,在感悟中提升。

价值主导:学校德育脉络

义务教育阶段是一个人世界观、人生观、价值观形成的重要时期。培育和践行社会主义核心价值观要从小抓起、从细节抓起。学校把社会主义核心价值观教育纳入总体规划,落实到教育教学和管理服务各环节,覆盖到所有班级和师生,形成课堂教学、社会实践、学校文化多位一体的育人平台。学校活动,尤其是学校的德育活动,应始终将社会主义核心价值观教育贯穿其中。

合肥市南园学校自2001年与韩国瑞山市瑞宁中学结为友好学校，至今已22个年头。每年两校都会互派师生进行友好交流。这是一个学习交流的好机会，也是一个自我展示的良好平台。合肥市南园学校选派的八位学生代表以"徽茶文化"为主题，与友好学校师生一起开展听茶、看茶、识茶、品茶主题交流活动。事前，为了将徽茶文化较为系统地介绍给韩国友人，同学们与教师一道事前查资料、找实据、解疑难、做总结。活动准备的过程、展示的过程就是开展爱国主义教育的过程。国际友人的称赞提升了学生的文化自信。

学校通过"我们的节日"主题活动，进行民族传统教育。使学生通过活动感受到"民族的，也是世界的"，使学生认识到继承民族文化与加强国际交流之间的相互关系，在活动中培养学生民族情感与世界情怀。

我们将自由、民主、平等等核心价值观教育渗透到图书漂流活动中，将"书香"辐射到了每一位学生、每一个班级。图书角的图书来自学校图书馆，来自教师、学生家长和社会的捐赠。学生自主挂牌管理，图书自取，归还自主。每一个同学既是图书享用者，也是图书管理的责任者，更是自主阅读的受益者。"好读书、读好书、读书好"的良好阅读风尚逐步形成，为学生健康成长构建良好的氛围。

学生主体：学校德育关键

如果学校社会主义核心价值观教育是一方沃土，那么学生就是这块沃土上正茁壮成长的树苗。要使社会主义核心价值观教育落到实处，就必须以学生为主体，让学生在学习、活动中处于主动状态。

合肥市南园学校以"德慧终身，学行天下"为校训，将社会主义核心价值观教育融入学校的德育活动中去，倡导并实践着学生是实践的主人、学习的主人、集体的主人。活动由学生自主设计、组织，由学生进行自我反思、评价，教师只扮演指导者、服务者角色，负责为学生提供必要的物质后勤保障与财力支持。学校一年一度的体育节、艺术节、科技节，都是全校师生共同参与的快乐节日。学校向学生征集方案，把孩子们喜闻乐见的项目纳入比赛中。从比赛评分细则制订、时间安排到确定主持人、评委，均由学生牵头负责完成。这种做法充分发挥了学生活动组织的自主性、自觉性，将原本属于学生的舞台毫无保留地还给学生。在每一年的社会实践中，小学、初中学生以班级为单位结对，实施"大手拉小手"，大小同学一一结对。大同学始终是小同学的"监护人"，小同学一直是大同学的"牵挂"。有困难找大手，用情义护小手，在活动中，同学们体会着合作的乐趣，品味着活动以外的德育味道。

学生自主管理方式既激发了学生的参与热情，又体现了学生的自我价值。自主活动使学生感受到德育的乐趣，也强化了学生德育的自觉，对学生科学世界观、人生观、价值观的树立有着潜移默化的帮助。

主动体验：学校德育支点

学生是学校活动的主体，德育的过程是学生参与、体验的过程。我们要让学生在参与、体验活动的过程中领会、消化和吸收社会主义核心价值观的内涵，学生的主动体验就显得尤为重要。合肥市南园学校在组织活动的过程中一直注重优化活动形式，细化活动细节，重视抓住主动体验的关键点。

2014年6月，学校开展了以"回首·感恩·起航"为主题的小学六年级毕业季活动。这是南园学校新组建之后开展最成功的德育活动之一。与传统的活动形式、表彰程序有所不同的是，本次活动由学生策划，教师指导；让学生主导，教师参与。活动创意来自学生，活动策划依靠学生，活动体验关注学生，细节分解还是学生。活动内容丰富、形式多样。在整个活动中，学生是师生关系中的首席，是活动始终的主人与主角。活动从第一天下午四点一直持续到第二天上午八点。

毕业典礼、合影留念见证了学生们人生的神圣时刻；自助晚餐展现了学生们互助、友爱的善良本色；篝火晚会是班级展示集体形象的靓丽舞台；小成人礼让孩子们为自己的未来送上美好的祝愿；露营扎帐让孩子们畅叙友情、珍惜过去、展望未来。孩子们欢乐的笑声、真诚的拥抱、不舍的泪水，教师们深情的目光、谆谆的教诲、动情的话语，见证了师生六年来的情谊。一位毕业生活动后在日记中写道："这次活动给即将结束小学生涯的我们上了一课，别开生面，受益匪浅。它让友谊和情义在我们眼里比天高、比海深，它让母校在我们心中留下了永恒而不可磨灭的印记。"

空洞的说教只会让学生离教师越来越远，陈旧的形式只会使学生远离教育的原点。而发自学生内心的、学生主动参与的、经教师指导、有价值观主导的实践活动，却能让学生在体验中实现价值观的升华。

一场报告会：舒展是最美姿态
——学校案例之合肥市望湖小学

2020年12月20日上午，我很荣幸受胡冬梅校长邀请，参加了合肥市望湖小学建校十周年报告会。简约而不简单的报告会，让我感触颇多。望湖小学践行"舒展教育"，形成了"舒展教育171"模式。第一个"1"指的是1个"舒展教育"理念；"7"指的是7个实践路径，即管理架构、课程建设、课堂重构、教师发展、学生培养、关系重立、环境营造；第二个"1"指的是1个特色发展项目，即望湖鲜明的课程特色、办学特色——阅读。

学校以"每天进步一点点"为校训，希望学生每天进步一点点。在十年的教育教学历程中，教师为学生的付出何止一点点，教师与学生的收获又何止一点点。

让学生坐在报告会的首席

六楼报告会现场，会务组织者将报告会前两排的首席位置留给了学生。不起眼的会务小细节，折射出学校办学大境界，体现了教育人骨子里不由自主的教育思想与习惯：将学生放在心上。"生在中央""以生为本"的理念与实践在望湖小学教育教学中真实落地生根。一所好学校务必是"作榜样"，让学生受益，而不是"做样子"，让他人饱眼福。有些学校也会要求以生为本，以学生终身发展为本，但在实际的课堂上，学生的问题不被重视，学生的思考没有时间，学生的实践没有空间，学生变成了"看品""摆设"与"附件"，学生的主体地位荡然无存。

报告会的第一项议程是居首席的学生给与会嘉宾和教师敬献红领巾。何为学校主人，主人应该何为，在这里得以呈现。报告会议程安排就是要告诉学校的主人们：主人不是坐享其成，而是要主动作为，为莅临学校的尊贵客人介绍学校，谈自己在学校的真实感受与体会，为报告会做点事，为嘉宾提供点关照。不做袖手旁观者，而做积极主动者，主人的自豪感就会油然而生，主体的荣耀感就会自然产生。这就是温馨教育、真实育人。

将教师作为报告会的关键

在教育的发展过程中，教师发展是关键，学生发展是标志，学校发展是"副产品"。报告会的展示大厅里，有一面墙异常显眼。墙上展示的是"最美望湖人"，包括"舒展教师""七彩少年""美丽家长"，一张张笑脸灿烂而温馨。"望湖十年大事记"展示了一幅幅学生课堂、活动的照片，充满着生机与活力，洋溢着阳光与生气。蓬勃的是生长力，激荡的是爆发力。

报告会共五个部分，呈现的是"1＋4"的格局。五个部分各有侧重，校长的主报告是总览与概要，中层干部与教师从学校德育、家校共育、课堂教学、阅读四个方面做了分报告。主报告与分报告一起构成一个完整统一的办学实践。报告的格局与安排体现了校园里校长与教师的平等，教师与学生的平等，教师与教师的平等。在学校大家庭里，校长与教师、学生一样平等。校长的主报告却体现了学校办学实践的灵魂引领，重视一线教育教学实践的贯彻落实，路径清晰，措施扎实，研究有道，成效斐然。校长用权不霸权，教师有道不霸道。

将学术放在报告会的中心

十年办学实践报告会，也是一场学术交流与教育研讨会。整本书阅读、"引导自学"课型等学校课程建设让我耳目一新。报告会邀请北京师范大学马健生教授、张东娇教授，21世纪教育研究院王胜教授等专家做精彩点评。合肥市第四十八中学与望湖小学面对面，我在合肥市第四十八中学工作的两年时间里，平时与胡冬梅校长的工作接触也挺多，但是深入细致地了解望湖办学实践与内涵的还是这一次。也是我参加的学校周年庆典活动中学术味最浓的一次。

很多学校办的周年庆典活动，从一位教育人，尤其是从深究教育内涵、办学品质的教育人角度来说，总感觉还缺少点什么，似乎高度不够，深度不足，对教育的引领、示范，对后继者的影响与感化不够。

望湖小学以学校十年发展为脉络，以学术成果提炼为主轴举办报告会，全校教师、家长、学生共同分析、总结学校办学经验。短短十年时间，望湖小学从一所借址办学，只有一个年级4个班、12名教师、121名学生的学校，发展到现在集团化办学，拥有两个校区、93个教学班、236名教师、4269名学生的区域名校并非偶然。学校快速成长的背后一定有其必然，必然在哪里？必然就在于：全体望湖小学人以办学成果提炼为载体，搭建校本研修的平台，围绕学校"舒展教育"的核心办学理念，你一言我一语，你一计我一策，揭示了"看得见的成长"秘密，道出了"看得见的成长"规律，将这些秘密和规律融进了学校进步的细胞，变成学校不断前行的动力。

胡冬梅校长在汇报中说："十年来，学校先后荣获区级及以上表彰92次，成功申报区级及以上课题15项，教师区级以上获奖1364人次，学生区级以上获奖1172人次，是全国最美基层图书馆、合肥市教育系统先进集体，更是出现了以安徽省新时代文明好少年孔卓兮、刘宸宇为代表的一大群望湖好少年，出现了以全国动感中队"小树叶"中队为代表的先进班队，出现了以叶晓燕、余国珍、王梅、李玲、赵勇等为代表的爱岗敬业的好教师，出现了以钱晖、吴艳艳、罗岩、钱友侠等为代表的乐于志愿服务的美丽家长。今年，第二届全国文明校园花落望湖，这更是对望湖'舒展教育'十年践行最大的肯定。"

"让成长看得见，看得见的成长"已成为望湖小学人的自觉追求！"每天进步一点点"是望湖小学教育人低调的"奢华"，也是慷慨的奉献！

千年名校成都石室中学印象
——学校案例之成都石室中学

2019年5月我有幸走进千年名校成都石室中学,18日下午参加第三季"石室论剑"暨文翁兴学2160周年纪念活动,19日上午参观校园,了解学校发展历史,聆听了田间校长关于学校历史、教育管理、德育工作、文化建设等方面的经验介绍,感触颇多,受益匪浅。

公元前141年,蜀郡太守文翁(今安徽省六安市舒城县人)在成都设立文学精舍讲堂,选派青年官员到长安拜师求学,学成归来任教师,开地方官学之先河。文学精舍讲堂教室为汉白玉建造,故称"石室",后人称为"文翁石室"。成都还流传着这样一副对联"李冰劈江灌天府,深淘滩,低作堰;文翁兴学智巴蜀,师资高,学风严",以此表达对李冰和文翁的景仰与敬意。从古代的文学精舍讲堂、文翁石室到现在的成都石室中学,这所学校在同一地址上连续办学长达2160年,成为世界教育史上的奇迹,真正实现了教育的可持续发展。

2018年12月30日,央视《国家宝藏》节目专门介绍四川博物院"后蜀残石径",总导演于蕾介绍了节目组选中"后蜀残石径"的缘由:因为它见证了中国人对教育的信仰。纵观全世界,我们很难找到一所有两千多年发展历史且不曾断流的学校。成都石室中学代表的是中国人对教育的尊重、对育人的追求,一以贯之,着实可敬可佩。

古代的司马相如、扬雄、陈寿、李密等著名文人,近代的彭端淑、刘光第、郭沫若、李劼人、何其芳等名家名流,当代的钟山、沙国河、陈懋章、李荫远、翁宇庆、段宁、马志明等杰出院士,都是成都石室中学培养的杰出人才。郭沫若为母校撰写楹联"爱祖国爱人民为建设社会主义而学习,求真理求技艺愿增进文翁石室之光荣",著名学者、北京大学终身教授季羡林为石室中学题词"古今一校,扬辉千秋"。

现在的成都石室中学在历史的基础上,弘扬"凌云之志、江海之量、书卷之气、儒雅之风"的石室精神,践行"爱国利民、因时应事、整齐严肃、德达材实"的石室校训,坚持"继承优良传统、打好素质基础、培养创造能力"的办学思想。一校两区(文庙校区、北湖校区)三个学部(初中部、高中部、国际部),拥有近4000余名学生,500余名教师。成都石室中学校旗是由黄、红、绿组成的三色旗,寓含学校办学思想中的三个关键词"传统""基础""创造",其中黄色代表传统,象征高贵和尊严;红色代表基础,象征太阳、热血,是生命力的源泉;绿色代表创造,象征希望、健康、青春,意味着培养学生可持续发展的创新力。学校坚持"六统一","六统一"即统一办学思想、统一办学经费、统一领导班子、统一人事安排、统一教育教学、统一学校活动。管理上坚持校长有思想、学校有文化,办学有品质、师生有学养,建筑有品位、硬件有示范。学校经历了求生存、提质量、有品质的发展阶段,进一步固化"育关键能力,办品质教育,为领军人才成长奠基"的办学理想与追求,坚持以发展为中心,建设以教师发展为中心的学校,优化以学生发展为中心的教学,强化以有效性为基础的学科建设观,在管理中实践系统性、民主性、科学性的理念。

学校的校训"爱国利民、因时应事、整齐严肃、德达材实"是两千多年来学校发展历史的见证,也是历任校长、教师智慧的结晶,更是学校未来发展的强劲动力。清顺治年间学校校训为"爱国利民",民国初期调整为"救国利民",1922年时任校长刘咸荥增加了"因时应事",1927年时任校长文藻青又增加"德达材实",1934年时任校长刘刚甫提出"整齐严肃",学校校训的内涵在历史积淀中越发丰富。

学校为了纪念文翁兴学2160周年,举办了系列的庆典、学术活动,我有幸参加了第三季"石室论剑"。第三季"石室论剑"邀请到了清华大学、北京大学、上海交通大学、四川大学、重庆大学、西南交通大学、成都理工大学等多所高校的校长、教授。其间,大家共同聚焦主题"为创新人才成长奠基",与石室学子进行了热烈的交流。"传统名校如何能在新时代走出一条与众不同的培养创新人才的道路？""如何能够做到将传统文化发扬光大与走在时代前列相结合？""怎样把发挥专长与全面发展协调起来，让自己成为一名拔尖创新人才？""大学的地域特点，对学生的未来发展有影响吗？""在填报高考志愿的时候是大学优先还是专业优先？""高中阶段怎样提升自己的综合素质，努力成为对国家有用的创新拔尖人才？"青年人的思维在迸发、在跳跃，一个个鲜活问题的背后，折射出年轻一代火热的抱负与满腔的热血。有担当，敢拼搏，勇创新，辟思路，才是一个时代的力量，一个民族的不息希望。

5月18日举办的庆典晚会总时长近3个小时，以"弦歌不绝、薪火相传"为主题，分为"让心相聚""用爱传承""贤德向上""共赢未来"四个篇章，突出教育兴国、科技强国、创享未来。石室中学师生与著名歌手、艺人同台演出毫不逊色。石室中学管弦乐团演奏的《法兰多尔舞曲》《茉莉花》给我留下极其深刻的印象，余音缭绕，荡气回肠。

校园里汉代风格建筑表现出深厚的文化积淀和悠久的历史传承，满园古树依然苍劲茂盛，丰富多彩的校园活动展现出着师生共同生长的力量，学生大胆睿智的思考折射出未来主人的担当。成都石室中学2160年不间断的发展历程告诉我们：万事重在坚持，坚持就有奇迹。

人在中央，我心飞扬
——小百灵合唱团引发的办学印象

2019年12月18日晚上，应合肥市红星路小学、王蓓蓓小学音乐教育名师工作室的邀请，我有幸参加了在合肥市大剧院举办的"梨花与红星"合肥市红星路小学教育集团小百灵合唱团第二届专场音乐会。《茉莉花》《春天的芭蕾》《长歌行》像潺潺流水般浅吟低唱，独具风韵；《梦的地图》《时间的远方》若露滴竹叶般泠泠作响，耐人寻味；《争做新时代好队员》《中国少年先锋队队歌》如雄鹰展翅时一声长鸣，振聋发聩；《I Say A Little Prayer》《Angles' Gloria》《Let There Be Peace on Earth》等悦耳的英文歌，似情到深处时的一行热泪，扣人心弦。音乐会组织精心，现场盛况空前，既有东方古韵，又有西方华丽。演艺水平精湛，令人叹为观止。

合肥市红星路小学创办于1956年，是一所历史悠久、理念先进、教学实践扎实、文化底蕴深厚的学校。影响深远的教育是对学生灵魂的塑造、人格的培养。红星路小学以"做最好的自己，人人都是发光体"为办学理念。集团化办学扩充优质教育资源，为教育优质均衡发展作贡献。优秀学校文化引领学校向前发展，激发教师专业成长内驱力。种子工程实施，青蓝工程开花，名师工程结果，以"责任、希望、爱心、智慧"为指引的四叶草班主任工作坊领航班主任专业化发展，标杆性作用日益明显。红玺台国际部校区立志办"面向世界、面向未来、面向现代化"的教育，满足老百姓对优质教育资源的渴求，积极建构"和而不同、美美与共"的具有特色的融合课程、阅读课程、国际理解课程等学校课程体系，完善德智体美劳"五育"并举的育人体系。好的教育思想落地的最大效应就是学校教育品质、育人质量接连提升。

内容决定形式，形式服务内容；教育理念指导实践，在教育教学实践中得以完善。伟大的教育梦想在一步一步脚踏实地的实践中实现，学生在教师成长中、学校前进中获得成长与发展。红星路小学有小百灵合唱团、梦想机器人、蛟龙游泳队、雏鹰铜管乐队四个品牌社团，有七色花语言、小牛顿科学两个新兴社团。星宫少年宫将科技、生态、艺术、关爱四大元素贯穿始终，成为安徽省最大的城市学校少年宫；小百灵合唱团获"全国优秀童声合唱团"光荣称号；蛟龙游泳队连续29年蝉联合肥市小学组游泳冠军，连续17年获得安徽省游泳传统项目学校比赛团体冠军；雏鹰铜管乐队荣获安徽省唯一"中国少年先锋队鼓乐团一级分团"称号。除此之外，学校还进一步优化教育教学载体，建设健康之乐园、音体信息之环境、生活之园地、学习之氛围，让教育无处不在，使教育无时不有。

传承中创新，创新中扎根，扎根后成长。红星路小学坚持历史传承，一年一次集体毅行，为的就是警示大家：初心不忘，使命在肩；重在励志，不能忘本。小百灵合唱团的前身是1963年由孙宏盛老师等热爱教育、钟情合唱的老一辈创办的红领巾合唱团，面向全市招收团员。孙老师退休之后将第二棒交给李红老师。红领巾合唱团1982年更名为小百灵合唱团，在合肥市中小学学校合唱团中是历史最悠久的合唱团。历任团长一届接着一届干，学生一茬接着一茬唱，一直未曾间断。训练兢兢业业，水平稳步提升。学校多年前就成立了合唱团，可见高瞻远瞩；一直坚持，未曾中断，可见教育恒心。

音乐会听一场，校史看一遍，给我印象最深的是小百灵合唱团以及教育集团的办学理念、实践与成效。从教育理念来说，坚持本身就是良好的教育，孩子的成长就是最好的例证；从育人方式来说，教师坚持以学生为本，就一定能获得学生的积极回应。

观合肥一六八中学研究性学习成果汇报有感
——学校案例之合肥一六八中学

研究性学习是前一轮高中课程改革一大亮点,旨在培养学生研究意识,转变学习理念,提升学生研究能力,是立足当今、志在长远的前瞻之举。由于校长、教师认同程度有待提高,社会、家长理解程度较低等原因,研究性学习在实际贯彻落实上还处在"说起来重要、做起来次要、考起来不要"的尴尬境地。合肥一六八中学自建校以来,办学站位高远,教育举措扎实,育人成效凸显,一直坚持紧抓学生的研究性学习,并且将其作为对学生学分认定、综合素质评价的重要内容。2020年7月2日应合肥一六八中学之邀,我参加学校高二年级的研究性学习研究报告论证会暨研究性学习成果汇报会。汇报分文理两个组,我参加文科组,文科组共有15个项目,内容涉及文学、经济、历史、文化、建筑、军事、艺术、学科学习等方面。听取报告的学生提问,研究成员以团队为单位进行回答,前后共3个小时,令我感触颇多。

《凤起梧桐,文起桐城——关于桐城派的研究与思考》,研究了桐城派的萌芽、奠基、转折、发展、衰落、影响6个阶段的变化。

《淮河生态经济带城市绿色发展研究》以绿色发展评价为切入点,对淮河生态经济带25个地市4个县(市)进行量化分析,研判资源环境、发展程度与区域差异,提出绿色的发展意见与建议,探索不同区域的发展路径。

《舌尖上的安徽——安徽饮食差异及饮食产业发展》,比较皖中、皖南、皖北的饮食差异,具体分析差异产生的自然环境、人文环境等原因,进而以老乡鸡、徽菜等为例,对安徽餐饮未来产业发展提出建设性的意见与建议。

《浅析青弋江流域的城市发展——以泾县、南陵、许镇、芜湖发展为例》,具体分析泾县、南陵、许镇、芜湖四个地区的区域经济优缺点,统筹考虑区域经济发展互补性、互助性、促进性,对劳动密集型、技术密集型产业的集群发展进行实证性研究。

《新时代　新经济　新消费——从购物中心的各种消费类型看现代消费形式的选择》设计了关于消费的16道问卷题,实地调查三孝口、四牌楼等商业区书店、饮食、电影、服装消费的前后变化情况,发现线上消费发展的同时,线下消费也有回暖趋势。

《琵琶艺术在唐代乐府诗中的应用》以语文课本中的《琵琶行》《春江花月夜》为例,论证琵琶演奏可以为诗词提供创作的灵感与素材,诗词的音乐词汇可以借助琵琶精美绝伦的表演形式诠释。

《合肥老城区发展过程中的优势与缺陷》从合肥城区经济社会发展出发,认真研究合肥市环城路以内的城市发展呈现的新样态,对交通、教育、住房、医疗等基础设施现状进行分析,提出意见与建议,呼吁重视老城区文化产业发展,关注具有历史底蕴的文化空间的保护,保存城市的文化记忆与城市符号,激活城市的文化灵魂。

《诗与远方的不期而遇——诗词赋予安徽山、水、建筑新的文化意义》以山水与人文的结合为切入口,探讨古诗词中的安徽地方文化。古人钟情于山水,是游历天下的漂泊情感的归依,仕途坎坷的自我疗救,自觉人格的理想追求,审美情趣的外显物化。他们寄情于山水,也赋予了皖山皖水新的生命与意义。

《合肥一六八中学学生〈21世纪报〉的使用情况与英语学习之间的关系》在研究中发现,不同学生对待报纸的态度、使用报纸的方法不同,会导致成绩不同。学习中认真细致,善于以小见大、使用信息化统计技术的同学往往会取得更佳成效。研究认为注解、答案辨析、版面调整、增加时事等方式会提升英语学习效率,强调研究性学习、团队合作的重要性。

在答辩环节，学校原本安排的是评委专家向汇报学生提问，团队成员一同回答，评委根据团队学生作答情况赋分。我提出由听取报告的学生进行提问，得到学校与评委的认同。在场学生的提问视角、问题深度，汇报学生的沉着应对、睿智回答，让我佩服不已。

提问中，同学质疑《舌尖上的安徽——安徽饮食差异及饮食产业发展》中得出的地理环境决定论；怀疑乡土社会走向衰亡判断的科学性；不赞同将青弋江流域的相关产业尤其是劳动密集型产业向许镇转移的做法；思考传统民居保护与现代高楼建设之间的关系与渊源；提出应将同学们的研究报告变成人大代表的议案、政协委员的提案，进一步发挥研究成果的作用。

答辩中，学生对合肥市老城区新时代建设的商业中心再造、文化内涵传承、环境建设升级、基础建设人性化等措施提出独到的思考与建议。如，传承"合肥之根"的城市文化记忆，文化产业规划与城市综合规划"多规合一、无缝衔接"等。在回答5G商业化使用带来的便捷与实体店的感官体验如何融合、互补的问题时，学生提出坐商与行商、营销与服务、单一与多元、线上线下整销、人工智能主导等合理化主张。

学生均着正装出席，仪表端庄，落落大方，开启时问好道安，结束时不忘请指导，在汇报的时候彬彬有礼、谦谦有度。报告内容睿智通达，表达行如流水，视角新颖独到，观点创新独特。面对答辩，他们轻松自信，面对质询，他们平实而不失幽默。

合肥一六八中学的每一位教师均是学生的导师，导学术研究，导热点关注，导难点破解，导社会"秘籍"，导人生轨迹，是学生学习之师和生活之师。作为老百姓心目中的好学校，合肥一六八中学始终注重教师的专业成长。与学生共同成长是教师专业成长的良好路径，研究性学习的策划、开展、坚持、改进与升华，就是教师与学生协同成长、相互启发的有效形式。

成长的
教　师

基于艺友制的校本研训一体化实践

校本研训一体化,是指将学校教研、科研与教师培训融为一体的教师成长模式,近年来被不少学校所采用。但在具体实践中,校本研训一体化往往因为共同愿景和价值追求的模糊、学习内容的泛众和游离、培训者与被培训者共振性缺失等问题,导致难以常态化,流于形式化。对此,笔者在安徽省合肥实验学校担任校长期间,借鉴陶行知先生倡导的师范人才培养模式——艺友制,领衔构建亦师亦友、共教共学的教师专业发展共同体,充分挖掘和激活教师在同伴互助下的成长潜力,在完善校本研训微观治理、创新教师发展工作路径方面进行持续探索,积累了丰富的经验,也取得了一些成果。

"艺友制"的师范人才培养模式

"何谓艺友制?艺者艺术之谓,亦可作手艺解。友为朋友。凡以朋友之道教人艺术或手艺者,谓之艺友制教育。"作为陶行知师范教育思想的重要内容,艺友制借鉴传统的艺徒制,强调师徒之间不仅传授技艺,互相切磋,而且交流思想和看法,形成共学共做、志同道合、休戚与共的精神共同体。艺友制的核心思想与校本研训一体化的内在要求天然相通。一方面,艺友制以"做上教,做上学"的方式,弥补师范教育中学理与实习分离的缺憾,能够提升教师培训的针对性和有效性;另一方面,艺友之间以友谊为精神纽带,艺友制对共同进步的愿景、平等合作的关系、亲切自然的氛围的重视和强调极为可取,这对校本研训一体化的实施具有启发意义。

实践中,陶行知将艺友制运用在师范生培养、教师进修等多个方面。在教师进修上,陶行知主张教师应该终身学习,认为教师是研究者,强调集体探讨的作用,并在落地实施上进行了各种深度探索。例如:他鼓励教师分地域、学科进行集体学习,定期分区、分科讲习;成立各种研究会,民主推选书记或主席,自由选择研究科目,鼓励专题研究、分科研究、跨校研究;开设暑期学校、讲习会,让教师利用假期进修等。陶行知在育才学校实施的"以学校为中心进修"的做法尤其值得关注。围绕教师研训,他从计划、组织、实施到奖励出台了一系列办法:成立专门的研究部,系统规划教师研究事宜,健全组织及制定办法;建立导师进修组织,举办教育问题研究会、学术性讲座,培养研究生,从事课题研究;鼓励教师基于研究进行编辑出版活动,形成研究成果等。可以说,陶行知基于艺友制在教师研修、培训上进行的一系列实践尝试,为我们今天探索校本研训一体化的治理模式和实施路径提供了有力遵循与良好借鉴。

基于艺友制的校本研训微观治理

激发教师参加教科研和培训的积极性,提升教师教育教学水平,有赖于学校的微观治理能力,而组织机构和管理制度是落实微观治理不可或缺的两个重要抓手。在合肥实验学校,我们通过成立基于同伴互助的组织机构、制定促进习惯养成的管理制度,探索将艺友制应用于学校微观治理,以促进校本研训工作提质增效。

艺友教师发展校务委员会是基于同伴互助的组织保障。设立相关组织机构有助于合理配置学校资源,强化部门、教师间的协同合作。为促进艺友制有效嵌入教师研训工作,笔者在合肥实验学校牵头成立艺友教师发展校务委员会,以保障教师研训活动开展规范、常态、高效。

在人事管理上,艺友教师发展校务委员会由校长、副校长分别担任主任和副主任,吸收部分学科带头人、骨干教师、教研组长、年级组长作为成员。这样不仅能保证学校资源的合理调配和使用,还有利于满足教师专业提升的需要。

在职责界定上,艺友教师发展校务委员会负责制定学校中长期教师发展规划,研究解决涉及教师专业发展方面的重大问题,指导教师结合自身实际制订学年度发展计划,为教师提供切实服务和专业指导。

在组织架构上,艺友教师发展校务委员会下设办公室和若干艺友班。办公室设在学校科研处,由科研处主任兼任办公室主任,负责相关教务工作。艺友班以年级进行划分,来自同一年级或横跨多个年级的教师作为艺友加入相应的班级,班长由艺友推举或学校指定产生。为方便日常研究和讨论,每个班以同一学科或几个相近学科进行划分,编成若干个艺友组,组长由艺友推举或班长指定。学校领导班子和中层管理者被编入各个艺友班,既以艺友身份平等参加研训活动,又以管理者身份指导工作开展。在艺友教师发展校务委员会、艺友班班长、艺友组组长的牵头带领下,学校教师研训活动分层有序地开展推进。

确保教师学习研究常态化必须有促进习惯养成的制度保障。形成共同体的感情基础是本质意志,本质意志表现为本能、习惯和记忆。学校制定教师专业发展的相关制度,主要不是为了管理教师,而是要激发教师自我提升的内驱力,促进教师研究思维和学习行为的惯性化、日常化。对此,合肥实验学校艺友教师发展校务委员会制定了《教科研工作条例》《教科研课题管理条例》《教科研优秀成果评选办法》《教科研优秀成果奖励办法》等各项涉及教师专业发展的制度规则,注重以人为本、刚柔并济,健全利于教师学习和研究习惯养成的校本研训管理制度。

根据《教科研工作条例》,艺友教师发展校务委员会每学期要按照"六定"原则,即定时间、定地点、定主题、定发言人、定主持人、定记录人,对自育自学研讨会、艺友学术论坛等教师研训活动进行统一管理和设计。同时,为了确保研训活动能够对接教师真实需求,调动教师参加学习研究的主动性和积极性,《教科研工作条例》提出了"研训主题上提,研训重心下移,研训活动前移"的具体工作要求,明确艺友教师发展校务委员会确定研训主题后,由各艺友班、艺友组根据教育实际和教学需要进一步完善主题,然后分配任务,并在活动前提交主题报告。按照要求,研训活动筹备期间,围绕主题报告的撰写,主持人要召集发言人、记录人等主要参与人员,以及其他对该主题感兴趣、有研究的教师共同讨论,梳理相关研究成果,了解研究前沿与趋势,向有关专家请教、咨询等,将研训活动前移;研训活动结束后,记录人要收集参与教师的感悟、体会,整理活动过程、内容、成果等信息,并发布在专门编辑的简报《实验快讯》上,实现研训资源共享。对研训活动产生的报告和成果,《教科研课题管理条例》明确艺友教师发展校务委员会要组织有关专家进行讨论、评选,在此基础上鼓励优秀教师申报市级、省级课题,并为教师开展研究、发表成果提供配套支持与奖励。宽严并济的管理制度使基于艺友制的教师研训在坚持中产生累积效应,许多教师由"被动赶着走"到"主动跟着走"再到"自觉找路走",其自我发展的意识被充分调动起来,教师专业素养在校本研训的良性循环中不断提升。

基于艺友制的校本研训实施路径

课题研究、课堂改进、学情分析、专家指导、成果共享等,是校本研训一体化实施的多种路径和主要内容。其中的关键在于所采用的具体方式能否保证研训活动实施的有效性。合肥实验学校从以下"五个注重"着手,优化教师研训实施细节,贯彻艺友制所倡导的在和谐互助的关系中共做共学,拓展创新校本研训一体化实施路径。

课题研究注重全员参与,打造研究型教师团队。教育教学中有很多现实问题亟须解决,问题即课题。学校教师面临的问题既有个性也有共性，开展全员参与的、不同类型的教科研活动，对打造研究型教师团队、提升教师专业素养起着不可或缺的催化作用。

一方面，开展覆盖全体教师的导向性课题研究。学校导向性课题基于学校教育改革和发展需要提出，具有持续性、一贯性的特点，围绕其组织教师从不同层面、维度开展相关研究，不仅有利于促进教师间的有效交流与合作，而且有利于形成整体效应，共同推动学校教育教学改革深入落实。合肥实验学校围绕"培养学生自育自学能力"开展了持续36年的研究实践，组织教师在"引导自学"型课堂结构改革、学生"吃、睡、练、读"习惯养成等方面开展了一系列子课题研究，这成为促进教师和学生共同成长发展的长效催化剂。

另一方面，鼓励教师自主进行"草根式"课题研究。"草根式"课题研究由教师自定研究方向，以教育教学过程中迫切需要解决的问题为研究对象，是自下而上、发自内心的自觉研究，贵在教师内在主动性和积极性的发挥。除自主开展研究外，吸纳和利用同伴的经验、知识、方法等开展行动研究，也是推进"草根式"课题研究的有效途径。在实践中，学校从事同类课题研究的教师组成课题组，定期举行阶段性汇报和研讨，能者为师，各抒己见，教师在相互切磋、启发中共同提高教科研水平，实现专业发展。

教师个人研究、课题组合作研究、全校性集体研究共同构成了学校教科研的整体图景，缺一不可。这样的课题研究优化组合也制造了一种场效应，使个体水平提高与群体水平提升、个体成长与群体发展相辅相成，互为因果。

课堂改进注重互助成长，提升教师课程实施能力。课堂是学校教育教学的主战场，也是开展教师研训的重要渠道。合肥实验学校依托开展"引导自学"型课堂结构改革，提出"周周有课听，次次有课评，课课有反思，人人有收获"的原则要求，通过开设研评课、举办艺友论坛等方式搭建互助成长的平台，引导新老教师建立艺友式合作关系，互帮互助，协力前行。

其一，组织青年教师采用"引导自学"型课堂结构进行研评课教学，促进青年教师快速成长。讲授研评课之前，青年教师及其艺友要在组内进行集体备课，大家开诚布公，从专业角度对授课教师的教学设计提出优化建议；授课之后，艺友组还要进行集体评课，促使授课教师以全新多元的视角审视自己的教学实践。这样的研讨活动把课堂变为学堂，不论是授课者还是听课者，都需要花费更多的时间和精力，调动更多的知识和方法。在基于研评课的教师研训活动中，学校形成了"一课多师同教""一课一师多教""一课三备三反思"等有效的艺友研讨组织方式，通过精细备课和及时反思，教师实施新课程的能力得到整体提升。

其二，举办艺友论坛，为有专业造诣、特长的教师提供展示交流的平台。艺友制主张想当优良教师的莫便于与优良教师为友。艺友论坛正是为学校教师提供了向优秀教师学习取经的机会，旨在共建彼此欣赏、见贤思齐、互助发展的教师专业学习共同体。在笔者任职期间，一大批优秀教师先后在艺友论坛进行了"小学英语多元化评价初探""深化自育自学实验的八点设想""小组合作学习在小学一年级中的运用"等主题讲座，与全校教师就共同关注的问题分享自己的教育心得和教学经验。这样的展示学习交流活动，对分享者而言是肯定、是激励，对聆听者而言是经验、是资源，老师们各有收获，共赴成长。

学情分析注重细致循证，锤炼教师专业基本功。学情分析是教育教学设计的出发点和落脚点，是教师必备的专业基本功。合肥实验学校定期召开学情分析会，以"关注学生细致化"为明确要求，旨在通过细致记录、深入剖析学生的发展情况，为每位学生提供适合的成长通道，同时锤炼提高教师的专业能力和素养。

学情分析会以年级为单位，以班级为基础，以班主任为核心，全体任课教师参加，校领导全程监督指导。学情分析会以"找准原因，拿出对策"为中心，以发展学生个性、发挥学生特长为目标，致力于帮助每位学生确立发展目标，让学生各有跑道，拥有自育自学的能力。学情分析会每学期召开三次,分别在开学一个月左右、学期中和学期末;在特殊情况下年级组长可以决定临时召开学情分析会。

虽然学情分析会有相对固定的召开时间,但学情分析功夫全在平时,教师在日常教育教学中的合作、交流、共研是保证学情分析质量的基础和关键。在具体实践中,班主任要关注班级里的每位同学,同时根据学习情况将学生分配给各任课教师;这种分配以学期为单位进行轮换,以便各任课教师了解、助力更多学生的发展。根据职责和分配,班主任和任课教师在日常工作中对所负责的学生要多了解、观察、研究,分析他们的进退原因并采取相应的教育措施。在此过程中,教师利用卡片记录等方式记下学生的成长足迹,以及自己的观察、思考和引导帮助学生的手段措施等。在学情分析会前一周,班主任和任课教师将平时积累的素材整理归纳,形成文字材料,针对每个学生的发展情况做到既摆现象又找原因,既讲问题又寻对策。学情分析会结束后,会形成相应的整改任务并落实到人,班主任负责本班任务落实、反馈与再改进,并向上级汇报。在实际的个案分析中,我们要求教师不仅要重视对一般学生和发展滞后学生的分析研究,也要对显现出良好发展势头的学生予以足够重视,在研究分析的基础上拿出特别措施,尽力为学生发展提供"宽跑道、快通道、高赛道",使每位学生各得其所,终身受益。

通过召开学情分析会,教师们真诚对话、互通情况、互相启发,在集体分析和反思的过程中,教师不断更新教育理念,拓宽教学视野,从而增强思辨能力,提高实践水平,发展专业素养,实现自觉自省的成长。此外,全员参与、任务分配、检查督导的工作机制有利于培养教师的责任感和主动性,让学情分析工作能够落到实处、持之以恒。

专家指导注重高位引领,提高教师共研共学效率。陶行知认为要成为一位好教师,途径有二:一是从师,二是访友。造诣较高的师中之"高"者或在某方面有专长的师中之"能"者,若能与教师进行现场深度交流,带领教师了解国内外教育的最新动态,能够激发教师对新知识、新理论的渴求,加速教师教育观念的转变和教学能力的提升,从而使得教师间的互助共学更加高效。

合肥实验学校聘请学校创办者、教育家何炳章先生担任名誉校长,作为"自育自学"理论创始人和实验主持人,他把学校作为教育教学实验基地,坚持参加每周一次的自育自学研讨会,经常深入课堂听课,并针对不同教师遇到的具体问题提出建议对策。长期以来,何炳章先生不仅和学校教师建立了和谐融洽的朋友关系,更以其高尚的品德、专业的精神、不懈的追求影响和感召着老师们。在他的引领和帮助下,一批中青年教师快速成长,在省市各类教学大赛、观摩课活动、论文评比中取得骄人成绩。

此外,围绕"引导自学"型课堂结构改革,合肥实验学校利用"请进来"和"走出去"的方式邀请名师、专家对教师进行指导点拨。在笔者任职期间,就有28位专家先后近百次莅临学校开展专题讲座,参加听评课和教学研讨,向教师传递国内外教育教学前沿理论,解读国家重大教育方针政策,高站位、高水平解决教师在教育教学过程中遇到的真实困惑与问题。

成果共享注重以文论道,引导教师进行专业写作。以文论道,成果共享,是教师间交流工作、切磋经验、共做共研的重要途径,也是推动教师持续成长发展的有效手段。

一方面,合肥实验学校要求教师每学期一小结,每学年一总结,把"自育自学"教育实践和研讨过程中产生的思想、经验、教训、成果等凝练成文字,可以是教学反思、教育叙事、调查报告、课题小结、课程案例、专项总结、专题论述等多种形式。另一方面,学校每年暑期举办一场教育教学研讨会,全校教职工参加,并要在会前至少提交一篇论文或教学案例。研讨会为期4~5天,教师先进行分组交流研讨,然后由组内推选出优秀代表在全校研讨会上做展示分享;每组代表汇报后,其他教师可以对该组的研讨成果进行点评或提出质疑。每年的教育教学研讨会既是教师教育教学成果的集中展示会,也是学校开展校本研训的有效途径和良好平台。

学校坚持推动教师专业写作,从有畏难情绪到养成动笔习惯,再到追求有理论、有实践、有思考的论文写作,教师的思维品质、研究能力和写作水平得到大幅提高。对教师的文字成果,学校择优集结成册,印制《求索集》供内部学习共享;对其中特别优秀的,学校还会推荐参加省市级论文评选活动。

此文发表于《中小学管理》2023年第10期

学生成长的加油站：班主任评语撰写原则刍议

新时代教育必须适应新时代要求，体现新时代变化，引领新时代发展，具体来说就是要求教育内容不断更新，教育形式不断优化，教育者与被教育者双主体的积极性、主动性、创造性不断被激发。班主任给学生的评语当然有更新的必要与优化的必然。

评语是家长对孩子、学生自我全面了解的重要平台与载体。班主任给学生传统的评语大体有班主任操行评语、教师评语、学生成长记录册、学生成长记录档案等形式。总体来说，班主任评语分为三个主要部分，即学生平时表现过程性记录、学期分学科成绩与操行评语。平时表现过程性记录是平时作业、活动完成、到校出勤等表现的量化记载。学生成长记录上有学生个性化的评价内容，如获得的荣誉、较满意活动记载、经典作业与作品以及特长展示等，较为全面、客观地反映学生一个学期以来的学习与生活情况。上述内容越全面、越真实，教育越实在，家长、学生对班主任评语的期待值就越来越高，更希望得到教师的精准评价。但是，现实中班主任的评语中依然存在着共性大于个性、套路高于思路、空话多于实话等问题。

班主任评语是班主任老师在认真观察学生的基础上，坚持客观性、通俗性、个性化、发展性原则，对学生一个学期综合表现进行的评定。班主任评语应对成绩给予鼓励，就问题进行提醒，对未来寄予希望，发现学生最近发展区，引导学生优化学习方式、培养良好习惯，指向改变，旨在发展。

客观性是班主任评语应该遵循的首要原则。季羡林先生说："要说真话，不讲假话，假话全不讲，真话不全讲。就是不一定把所有的话都说出来，但说出来的话一定是真话。"学生在学习、生活上的表现千千万,班主任在有限的评语空间里不可能穷尽一切,说明所有,但在字里行间一定要能让学生感受到教师的真诚和关切,增加亲近感,增强亲密性。

一个七年级学生在妈妈工作的学校上学,妈妈是同年级另外一个班级的外语老师兼班主任。这个七年级学生的班主任在给他的评语中写道:"可以说我看着你慢慢长大,也看着你一点点变得更加沉稳、自信。老师们都在称赞你懂事有礼,做事认真负责,具有较强的集体荣誉感,拔河比赛上有'六亲不认',谈到班级的事更是'亲娘不让'。但我希望你更加优秀,要树立远大理想,立志成才。我对你充满希望,相信你是不会让我失望的。"

一位班主任给学生写评语时别出心裁地将该生的名字写进了小诗里,既打上了姓名的记号,又刻画了其特有的性格特征,真切感人。

慧中秀外不张扬,
春光昕霞映帘窗。
心悦情怡学海渡,
高才厚德是兰桨。

其次,班主任评语应具有通俗性特征。评语不是说教,而是在平等基础上,老师和孩子、家长自然、亲切的对话。所以,评语的语言应简洁明快,通俗易懂,尽可能具体明晰,说大白话,说明白话,说老师自己的话,千万不要程式化,不说大话、套话。

"进入高三以来,明显感受到你的辛苦与焦灼。你的在乎,让老师变得更加在意;你的专注,让老师变得更加专心;你的不服输,也让老师坚持不放弃;你的勤奋,也激励着同伴。苦就是另外的甜蜜。学习是一个孤独的行程,唯有不懈的坚持,才能快乐自己、愉悦别人;学习是一个历练的过程,唯有不断改变,才能改善、完善自己。你就是上天赐予老师最好的礼物。"

"不是因为美丽才可爱,而是因为可爱才美丽。你是大家心目中的美少女,既有漂亮的容颜,更有丰富的内涵;既有聪慧的大脑,更有勤奋的双手;既有明晰的方向,更有有力的行动;既有鲜明的个性,也有集体的意识。你是暖心的姐姐,是集体的定海神针。"

再次,班主任评语应该个性化。评语其实就是教师给学生的写真式画像,应该做到神似、形像。学生、家长等拿到评语一看,个性特点明显,优点表现突出,缺点弱项明确。能做到这一点,需要为师者在平时注意细心观察,认真做好记录,根据教育、心理等相关理论,对学生的言行表现进行细致分析、研判。学生看完后要能感觉到:"这就是我,这才是我。"

班主任评语中写道:"我想用安静、内秀来形容你是再恰当不过了。生活中的你,是一个腼腆的姑娘,有时老师跟你说上两句,红云就爬上了脸颊。但这个学期,老师感觉到你和任课老师之间的交流变得更多了,这是一个很好的转变。学习中的你,是一个勤奋的学子。不放过任何一个困难,不舍得任何一次机会,成就了优秀的你。希望你可以认识到自己的优秀,更加自信。期待一个更好的你!"

最后,发展性是班主任评语的另一个重要原则。评语既要立足今天,更要展望未来,给学生指引发展的方向,给学生具体有效的指导。学校要能允许学生犯错误,教师要能指导学生改正错误。学生在学习、生活上遇到困难与问题的时候,需要的一定不是指责,而是指导。教师要心平气和地帮助学生调整心态,给学生方法上的指导、心理上的疏导。无论是平时的话语,还是期中期末的评语,都应该将对学生的指导放在第一位,将利于学生发展放在首位,用激励式、欣赏性的话语指引学生进一步发展。

"战胜他人靠实力,战胜自己靠心态。战胜自己是最大的战胜,也是最关键的战胜。这学期你战胜了胆怯心理,能够大胆地向老师问好,勇敢向老师发问,潇洒向全体展示。有了良好的开端,必定有优秀的结果,老师期待着你一个又一个捷报。"

"老师想告诉你,你是老师心中文静灵秀的女孩。老师想感谢你,因为你的负责,班级评比总是名列前茅。老师要对你说,坚持奋斗、认真执着是你的优点。老师需提醒你,不忘春天播种,不懈夏天耕耘,不舍秋天坚守,方得冬天温馨。祝你快乐进步每一天,每天进步一点点。"

评语并不是学期末班主任简简单单的笔墨堆砌,而是日日夜夜教育工作的积累。它不仅是语言的艺术,更是爱的艺术。在给学生写评语的时候,教师对孩子的关注越多,细节表达就会越多。爱得越深,话语就会越真;越爱越真,教育的功效就会倍增。

此文发表于《中国教师》2019年第3期

教师自我发展的五个习惯养成

作为合肥市自育自学实验的发源地——合肥实验学校,于2002年8月,在教育家何炳章先生的指导下开始了以"引导自学"课堂结构改革为突破口的系列教育教学改革与实验,重在引导学生学会自育自学。首届受益的2002级全体学生用七年时间完成义务教育阶段九年的学习任务,73.5%的学生达到合肥一中、六中、八中联合招生分数线。阶段性成果充分证明我们的实验是成功的,也充分证明真实验是不怕考试的,是完全经得起考试的。作为实验组织者、实践者,教师与学生一起成长,共同收获成功,赢得发展,养成了五个习惯,夯实了终身发展基石。

一是养成顽强学习的习惯。要想做一位专家型校长,必须不断学习,唯有不断积淀才能厚积薄发;要想做一位好教师,也必须不断学习,使自身成为教育学生的一股活水,不断为学生提供滋养。在担任合肥实验学校校长期间,我撰写了30多篇论文、案例在省市报刊上发表或获奖,主持或作为主要成员参与的1个国家级课题、2个国家级子课题、2个省级课题顺利结题。我的教育博客"教育秋天红枫叶"点击量达36万。平时我养成了勤于动笔的好习惯,在欧洲、清华大学学习期间均有10余万字的学习笔记和心得。在写作的过程中,我养成了勤于思考和总结的习惯,这些文字成为我提高自身能力、不断发展的阶梯。合肥实验学校"教师自我发展博客群"是教师相互交流、共同提高的舞台。自育自学实验使我们懂得教育需要教师和学生一起在学习过程中慢慢地累积,不断地坚持,耐心地期待。

二是养成扎实工作的习惯。合肥实验学校每周四下午开一段(小学段)自育自学研讨会,隔一周的周五下午开二段(初中段)自育自学研讨会。学校在学期之初根据师情、学情、校情制订学期研究计划,根据研究计划开展研讨活动。研讨活动划分为理论学习、研评课、专家讲座、专题研讨、艺友论坛、喜忧兼报、学情分析等板块。每一个板块均有明确宗旨,每一个活动均能具体落实,每一位教师均积极参与,每一个研讨环节均细化到位,真正体现"细微之处下功夫,细微之处见功夫"。参与的教师从中获得了发展机遇,深化了对自我的认识,更从细枝末节中懂得唯有扎实才有果实,唯有努力才有胜利。

三是养成团结合作的习惯。教育是合作的事业,学校教育需要一个精诚合作的团队。合肥实验学校起初的研讨会由校长组织,之后在学校的发动下,由大家商讨确定计划,让大家轮流主持研讨。学校教师从被动接受到主动投入,校本研训形成了专家引领、同伴互助、自我反思、行动跟进的模式。教师的团队合作意识明显增强,教师队伍整体素质明显提升。学校涌现出全国知识型先进个人、省特级教师、省优秀班主任、市先进工作者、市优秀教师、市优秀共产党员等一大批优秀教师。

四是养成解放思想的习惯。"勤于在工作中研究,精于在研究中工作"是合肥实验学校创办之初对教师从事教育教学科研的要求。合肥实验学校教师将这一精神贯彻到位,落实到底。在课堂结构改革中,顾轻飏老师大胆创新,设计出清晰、简洁、科学、适用的"轻飏教案模板"在全省范围推广,得到高度评价。课堂结构改革中每一个环节、每一个细节、师生互动的每一个方面都得到进一步细化分解,实际教学中的每一个问题都成为实验教师解放思想、大胆创新的出发点,为我们带来科研教研上的丰硕成果。合肥实验学校教师的论文、案例在省市屡屡获奖,在报刊上不断发表,学校的课题研究也同样成果丰厚。

五是养成仰望天空的习惯。教育是仰望天空的事业,教改实验使我们更加懂得其中的深意。我们在遵循教育规律的基础上,把握教育发展方向,坚持以生为本,秉承科学发展,在优化教育方法上下功夫,在启动内在机制上动脑筋,重点培养学生自育自学的习惯,着眼学生的长远发展。实验学校的学子普遍学得轻松、学得愉快,具有较大的发展潜力。我们有理由相信真实验必然使学生真受益,真实验必然使学生长受益。

作为终身学习者的教师

以身作则是教育的最好方式之一，勤奋好学、善于学习的教师一定能够更好地教学相长，在自己不断成长的同时，给学生正向引导，帮助学生养成终身学习的习惯。教师作为终身学习者，一以贯之的身份是学生。学习什么，怎样学习？结合自身工作与学习经历，我想就教师如何学习谈一点自己的认识，分享给大家。

向理论学习

著名教育家吕型伟先生历来倡导教师多读一些教育史，多懂一些教育理论，了解教育发展脉络，懂得教育发展规律。学习教育理论是一名教育工作者自我提升的重要方式。熟知教育发展的基本轨迹，追溯教育理论之根，把准教育发展之脉，认真学习古今中外著名教育家教育思想，了解他们的理论观点与实践经验，我们可以从中获得教育教学实践上的科学指导，避免行动的盲目性、随意性，提高效度。

孔子、陶行知、蔡元培等我国古今著名教育家的思想，苏霍姆林斯基、加德纳等国外著名教育家的理论，叶澜、朱永新等当下知名专家的教育教学观念与实践新成果，能够激发我们的教育灵感，开拓我们的教育视野，帮助我们找到解决问题的思路和方法。

向实践学习

实践之树长青。教师既是教育教学实践主体，又是实践客体。在一轮又一轮不断实践中，面对不同的学生群体，不断变化的学情，不断优化的课程标准,不断修订的教材,不一样的家长诉求,更新教育目标,优化教育方法,就显得尤为关键。对教师来说,教育教学实践路径的规划、对教育过程的关注、成绩的归纳、失误的思考、教学行为的矫正,就是最有效、最直接的学习。

教育是一门遗憾的艺术,我们有过成功,也一定有过失败与不如意。阶段性成功和经验,是我们进一步发展的引领;失败与教训后的反思与总结,是我们不停步不止步的动力。与其空想一万遍,不如潜下心做一遍。在科学理论指导下,实践,认识,再实践,再认识,改造客观世界与主观世界相互作用,不断发展。

向专家学习

一位一线教师由衷地说:"与专家为伴,专业成长不会慢;与专家为友,专业进步不缺油。"以德育为例,立德树人是教育的根本任务,德育为先已成为教育人的一致共识。中小学校德育工作的重要性不言而喻。但是现实中,很多中小学校将德育作为一般意义上的活动,德育被窄化为技能培训,缺乏全面系统的劳动教育,缺少劳动意识培养、劳动觉悟提升、劳动习惯养成,由劳动派生出来的责任担当、创新实践等意识的培养更是找不到影踪。在一些教师眼中,劳动甚至被简单用作"惩戒"的工具。

檀传宝先生认为,道德教育的内容与形式如果可以处理成一幅美丽的画,一曲动听的歌,那么与这幅画、这首歌相遇的人就会在欣赏中自觉地接纳这幅画、这首歌,领悟到它们的内涵,道德教育的价值引导与道德主体的自主建构就可以在欣赏过程中得以统一。欣赏型德育的全过程应当是学生自主欣赏的过程,是一个尊重并激发教育对象主体性的过程。欣赏型德育是润心无声的德育。唯有内化于心,才能外化于行;唯有持久于行,方有良好品性。

向同伴学习

由于所处的地域、学校、学段、班级等基本情况相同,面对的学情相似,同学科、同年级教师,共同从事中小学教学的同仁之间会有更多亲近感与更高的互相学习概率,向同伴学习就显得尤为必要。

陶行知先生的艺友制提倡同伴之间的相互学习,共同成长。校本研修是本土同仁、本校同伴相互交流的机会。健全完善艺友制,设立艺友论坛,实施具有针对性、实效性的菜单式研修,设置包括班主任经验分享、典型案例解读、教学风格展示、喜忧兼报平台、课堂教学研评、教育问题求解、教育信息广播、班级趣闻新析、团队备考指导以及生活品质赏析、生活技巧快递等模块研修,能够增进教师之间的交流与沟通,使教师通过相互学习获得成功经验、工作乐趣、幸福体验,增强团队战斗力、凝聚力。

向学生学习

有些学生观点理念前卫,思维方式独特,知识面广,视野度宽,接受新事物快,分析问题能力强,反应敏捷,对事物与世界具有独到的见解,许多地方值得我们虚心学习。

向学生学习是一种态度。三人行必有我师,尤其信息技术快速发展的今天,教师不是知识权威,只是点灯者、引路人和对话者。如果不了解新事物、新发展,不了解学生,不向学生学习,就难以扮演好对话者、引路人的角色,难以让学生敞开心扉接纳。

向学生学习是一种能力。向学生学什么,怎么学,取决于是不是真正意义上贯彻了"相信学生,依靠学生为了学生"的宗旨与原则。合肥市第四十八中学在举办第一届以"竹"为主题的科技冬令营活动时,将每六个学生分为一组。每组一个分主题,分主题包括与"竹"有关的诗词歌赋、书画摄影、科技用途、分类品种等十个方面。每组学生根据主题自主搜集，创想实践，合作展示，表现大大超出教师的想象，改变了教师不放心、不放手的陈旧观念。教师真正相信学生，依靠学生，就会有真心向学生学习的态度，有不断提升的向学生学习能力，师生关系就会进一步融洽，就会形成师生共同成长的合力，也会提高学生学习效能。

向自己学习

教育观念转变、教育手段优化、教学水平提升、教育效果增强，还需要教师专业发展的自觉与自悟，需要教师良好自我反思习惯的养成和自我修正改进能力的提升。

在面对各种新的挑战和复杂多变的教学场景时，教师为什么时常表现得无所适从、茫然无助？各种教学理论、方法、概念、话语不断发展，但课堂的面目为什么依然似曾相识，甚至千篇一律？理念、思想入了耳朵，没有入脑入心，教师就难以改变教育教学行为。依据科学教育理论反思自我教育实践，分析成功的秘诀，剖析失败的原因，寻思改进的举措；依托专家指导、同伴帮助开拓自己的教育教学思路，避免走习以为常、司空见惯的老路，杜绝用昨天的经验来检验今天教育教学实践的成败，教师的业务能力才能更好地实现自我提升。

向自己学习的过程就是不断反思的过程。以课堂教学为例，课堂教学中的"一课三备三反思"要求在自我备课、集体备课、教后再备三轮备课后共进行三次反思是教师不断提升教材分析能力、课堂驾驭能力的有效方式。以听评课为例，很多学校在开展听评课时热衷于给授课教师找毛病，提意见，听评课的教师把自己当成手电筒，只照别人，不照自己。若授课者不改变，这堂研评课意义就荡然无存。与其给别人"找茬"，还不如转变一下思维，说一说这节课的价值和优点在哪里，值得学习的地方在哪，自己受到了哪些启发，打算在教学中如何实践。

若给授课者一张"收获单",收获单里内容不要多,一点足矣。授课者受到了鼓励,长期坚持,集腋成裘,不发展都难。

孔子曰:"学而不思则罔,思而不学则殆。"希望每一位教育工作者都能成为终身学习者,期待学生在热爱学习的教师带动下,自觉学习,学会学习,快乐学习,成为学习的享受者。

你也可以当教师

一次闲聚散聊时,大家在讨论哪些人比较适合当教师。起初众说纷纭,后来大家将目光齐刷刷地转向我。我想了想,冒出一句话:"所有人都适合当教师,你也可以。"这一下,把在场的人全给弄懵了。大家几乎异口同声地问:"你的结论有根据吗?""我就是例子,就是根据。"

许多人坚持"爱一行,干一行",我却秉持"干一行,爱一行"。30余年的工作经历告诉我:当改变不了命运与现实的时候,请试着改变自己。这样你的生活会好过一些,工作会更顺畅一些,也许还会取得意想不到的成绩。

高考填报志愿时,我没有填师范院校,专业选择也与教师无关。后来,因为高考分数低,志愿落选,院校服从让我进了巢湖师范专科学校。我比较喜爱语文,却因为分数低,与中文系擦肩而过,专业服从进了政史系。在专业学习的过程中,我比较喜欢历史。但是毕业分配到学校,校长说学校只缺思想政治老师,我也就只有服从学校工作安排,当上一名中学思想政治老师。

我的职业履历是一个自觉与不自觉相互交替的"服从"旅程,既无天资基础又无思想准备,既缺情商历练又少果敢魄力的我与教师职业、思想政治专业始终绑定着。不敢说我是优秀的中学思想政治老师,也不能说我是一位优秀的教育管理者,但我至少还能够算得上是比较勤奋的教育耕耘者,是比较受学生欢迎的课堂园丁。是怎样的情愫让我始终不渝?是怎样的动力让我咬定青山?又是怎样的能力让我无愧于学生?我认为就是三点:"落地生根"的心态、"汗滴禾土"的状态、"开花结果"的样态。

"落地生根"的心态

人生旅程中有无数次机会,也面临无数个选择,但当你在做具体抉择时,就是一个取与舍、舍与得的过程。哪一种选择是正确的?我认为,自己选择的就是对的!因为所有的选择及其之后的过程、结果,都与个人生活际遇、生命体验相关,用别人选择之后的成功与否来判断自己的选择正确与否,是不可取的。人生是单行道、直播式,你永远不可能从头再来,因此你只能从当下出发。既然我们没有洞悉未来的前后眼,没有货比货的选择机会,也没有高瞻远瞩的好眼光,就不如老实一点,培养并坚定自己落地生根的心态,学会"服从",乐观接受不能改变的现实,既来之则安之,干一行,爱一行。底子薄,谦虚点;能力差,学慢点;悟性低,飞早点。静下心来,提升自己,充实自我才是最佳的选择。

"汗滴禾土"的状态

叶圣陶先生说教育是农业。如果教师为园丁,学生是幼苗,那么教育就是一个大花园,就是一块责任田,有一条完备生物链,是有独特生命力的生态系统。教师、家长、学生以及其他社会人等是共同构成生态系统的诸要素。为师者要铭记:教育是润心的事业,不能急功近利。

教育真的很难,我们用过去的知识教育着当下的孩子,比画着要他去面对未知的未来。教师的学识涵养决定教学的广度,教师的学科素养决定教学的深度,教师的眼界视野决定教学的前瞻度。如果你给不了学生阳光与空气,可以试着指导学生去追求自由的空间,要么铺路,要么引路,至少不拦路。为师者要懂得:未来的创造,需要学生的胆识与能力,未来发展的最终决定权一定在学生手中。我们不妨多一点细心浇灌，滋润学生心灵，让学生在学校教育的大花园里茁壮成长，最终成长为参天大树、栋梁之材。

"开花结果"的样态

"种瓜得瓜，种豆得豆"是自然法则。"十年树木，百年树人"告诉我们教育效果的周期很长，对教育愿景的期待要更久一些。但从事教育的幸福也很香醇。

当教师的要学会从教学工作中感悟幸福，享受成功。从业30余年的经历，让我感觉教师的幸福其实很简单。一道学科难题得以解决，师生都会欢呼雀跃；学生的疑惑得以化解，教师的心里也会释然；同学之间相互帮助，彼此关爱，构建学习共同体、进步共同体，教师的脸上也会绽开笑容；走出校门的学生依然挂念着昔日的恩师，念叨着教师往日的"好"，怀念昔日的"凶"，留恋旧日的"烦"……这些都是为师别样的幸福。当教师不以眼前成败论英雄，不用比赛获奖看未来，不依考试分数去评判。校园里稚嫩的孩子，在未来的岁月里，一定会有男子汉的刚强；在教室里呆萌的模样，也许是难得糊涂的伪装，在将来的工作中，他也许会用睿智、创新引领着一家企业的发展。

欲为人师并不难，只要你有扎根的心态、润泽的状态、耕耘的样态。

一生只做一件事

教师与世间许多职业一样,有许多共性,崇尚职业道德,提升职业技能,提高从业绩效,增强从业自豪感,同时通过自己的劳动,对社会有所贡献,获得一定收入,维持生计。但教师岗位也有其独有个性,职业幸福感、从业获得感、生命存在感强,退休之后的失落感最弱。建立起来的师生关系不因时间消逝而褪色,不因空间相隔而疏远。但当一位好教师需要纯洁的职业操守、高尚的职业境界、精湛的职业技能,这些职业素质的养成需要很长时间。教师的一生不比别人长,只有选择与新时代、快节奏不相称的"慢生活",慢到你"一生只够做一件事",才能做到。

当教师,一生需寡欲。漫画中教师的形象大多戴个眼镜,身材消瘦,从一定程度上体现了教师职业的寡欲。有人说,做教师相对比较单纯。学校应该是一块净土,教师的道德水准应该要高于社会普通水准。学高为师,身正为范,教师务必放下庸俗,远离低级。一个心思杂乱的人无法潜下心来读书,静下心来育人,不会成为合格的教师,更无从谈优秀。

当教师,一生要坚持。一朝选择教师行业,终身为之付出。我的周围有许多教师不是一开始就心甘情愿走上这个岗位的,是不得已而为之,然而,既干之,则投入之。不管以什么方式、因为何种原因进入这个行当,一旦入行,义无反顾。不管遇到什么样的障碍,从不言退;不管遇到什么样的困难,永不放弃。教育是需要创新的行业,但又是最需要保持初心的行业。为师者,要在传承与创新之间选择最优方式,教导学生;在庸俗与通俗之间做出甄别,引导学生;在责任与权利之间明晰关系,引领学生。

当教师，一生都幸福。人生的幸福一方面来自别人的赞赏、肯定、认可，另一方面来自内心的感觉、体会、悟道。一个乐于奉献、教有风格的优秀教师会有很高的职业成就感和幸福感，不因年老而衰减，不因离岗而消失。我们真正为学生成长着想，真心为学生长远发展着想，真诚为学生排忧解难，真心为学生指路引领，给学生的是真教育，帮助学生获得真体验、真学识、真能力、真觉悟、真素养，就会一日为师，终身享福。

泥鳅兴捧，侠们兴哄

前不久，我在一个场合遇见合肥师范附属小学的陈兰老师。陈老师平易近人，风趣幽默，教育经验丰富，教育智慧泉涌。交谈中，我深受她的启发，倍感学生遇到好老师是多么的幸福。

师范附小每年有一个传统比赛项目——拔河。陈老师说，她班孩子和同年级的孩子相比，在体质上、力量上明显弱一些，但是，每一次拔河比赛都会有出乎意料的成绩，原因是她班上的孩子有个特殊的加油口号。其他班级孩子的口号是"一、二、三——加油"，而她班级的口号是"没、作、业——加油"。陈老师向班级参加比赛的同学们承诺，比赛进入前三名，就可以享受作业豁免权，也就是不用写作业。所以孩子们拼着命去加油、鼓劲。这让我联想到一句俗语"泥鳅兴捧，侠们（合肥方言，指孩子）兴哄"。

教育手段是否有效，教育方法是否可行，关键在于我们是否真正关注学生，是否真实了解学生需求，是否真正懂学生。学生视作业为负担，陈老师了解学生的实际需求，"没作业""少作业"就是学生潜能发挥和力量迸发的催化剂、助推器。没有什么比没有作业更有诱惑力，没有什么比教师信守承诺更为关键。有时候，教育就这么简单，简单到只要将"一、二、三"改成"没、作、业"，就会产生教育的奇迹。

陈老师是一位严慈相济的老师，学生既怕她又爱她。一次，她问班级学生："陈老师温柔吗？"有的学生果断地回答"陈老师温柔"；有的学生微笑不语；有的学生轻轻地摇摇头，接着又微微地点点头。陈老师知道微笑不语的背后是什么，也知道轻轻摇头、微微点头的含义。怎样让学生不仅怕老师，而且爱老师？关键是让学生能够感受到老师对学生无微不至的爱。陈老师启发学生说："只有聪明、智慧的学生，才能看得出陈老师的温柔！"之后，陈老师再问学生"陈老师温柔吗？"这时，学生都会争着说："陈老师温柔。"老师的话语转变了，姿态放低了，师生的沟通渠道就畅了，心灵的融通就顺了，教育的效果就慢慢凸显了。

学生成长是硬道理，在当下的社会环境、教育背景下，分数也不能不要。但教育教学要遵循规律，教育方法的选择要科学。不懂套路、不讲道理，甚至蛮干、死干，靠"延长劳动时间、增加劳动强度"来实现学业成绩的提高，不看重改进教育技术与艺术，不关注提高学习效率，不优化教育管理，是教育的粗放型增长模式。教师心态阳光，才能向学生播撒阳光；教师修炼教育智慧，才能启迪学生的智慧；教师掌握教学方法，才能帮助学生找准学习的方法。

三个"一点"践行爱的教育

陶行知先生"捧着一颗心来,不带半根草去"的精神是教师职业奉献、高尚师德的真实写照,也是一名优秀校长的理想境界,更是教师这个职业凝聚人心、完善人格、开发人力、培育人才、造福人民的价值体现。教师能达到这个境界,归结为一点:心中要有"爱"。这个"爱"是指教育大爱:爱教育事业、爱学校师生、爱校园草木。

教育之爱的内容丰富,教育之爱的形式多样。针对不同的教育对象,针对不同时期的学生,针对学生的不同表现,爱的表达方式不同。学生是为了接受"教"而来到学校,学生是为了接受"育"而来到教师身边。我经常提醒自己:爱资优生是本能,爱学困生才"神圣"。资优生可以提升自己,学困生可以改变自己。与学生同行,抱着共同受益、一起成长的心态,才能把教育做好。

对资优生:看远一点

由于先天遗传、后天教育等因素影响,学生中总会有一些在智力、感知、记忆、思维等方面都明显优于常态儿童的,具体表现为天资较高、悟性较强、习惯较好、基础较实,一点就通,一教就会,一悟就灵。平常的课堂上,这样的学生学有余力,经常会"吃不饱"。如果用一个进度、一样难度要求他,用一把尺子评价他们,对这些孩子来说,显然是教育的不公平。为了实施因材施教,实现学有所教,校长就要带领教师、家长想科学之招、针对之策,为学有余力的学生提供宽跑道、快通道。在现行的教育环境下,校长就要看远一点。合肥实验学校自学室的设立,就是为学有余力的学生提供超前学习、拓展学习、深度学习的平台与场所。学科团队教师为部分单科学有余力的学生提供尽可能多的学习资源、探究方向与学习指导。进入自学室的学生在教师指导下制订学习计划,牢记学习任务,明晰学习目标,充分自主,真正合作,深度探究学习。学生享受着自主学习的快乐、自我挑战的成功,学习态度在越来越自信中自觉,能力在越来越自主中提升。给学生适度的学习自由远比把要教给学生的东西嚼碎,然后"喂"给学生更有意义,学生也会更喜欢。

"小老师"展示课的实验与实践,是学生自主学习、合作学习、深度探究的有效尝试,更是资优学生挑战自我的快乐舞台。为学有余力、学有兴趣的学生提供良好的学习机会是为师的基本职责。2010 年 4 月,合肥实验学校 06 级(3)班的三位同学开设《斐波那契数列》示范课,小老师的精彩呈现就是有力的例证。这节课受到来自全市小学数学 120 余位骨干教师、教研员、专家的一致好评。一节课的显性功效一定是有限的,但是学生充满自信、主动学习、互帮互学以及亲身经历的隐性教育功效一定是无限的。我经常给资优学生及家长建议:"中考的分数够用就行,一定要留出更多的时间与精力多一点锻炼、宽一些阅读、雅一下爱好。"我们改不了学段的时间长度,但一定要让学生的学习内涵更宽、理解层次更高、领悟体会更深,帮他们为下一阶段的学习打下坚实的基础,为未来快乐发展、科学发展奠基。

对学困生:看亲一点

学生在成长中一定会遇到困难与挫折。在处于学习、生活低谷时,学生渴望的一定不是批评、责备、抱怨、指责,而是安慰、理解、原谅、指导。有着丰富教学经验的校长、教师,一定会站在学生立场上,指导其具体实践,唯有如此,才能与学生产生共鸣、形成共识、实现共进。一次早读巡视,我看见有个班级的学生正在一起背诵《木兰诗》,发现只有某同学的口型与其他同学的不同。显然,她不能背诵。中午在巡视之后，我与该同学一同下楼，询问她的课文背诵情况。她承认自己确实背不了。我问她一周时间能不能背掉，她不自信地点了点头。周五中午下楼时，该同学主动找我说："叶校长，我会背了。"然后，她一口气背诵完《木兰诗》。

2014年，我在合肥市南园学校的时候，遇到一位三年级学生。他是一个较为特殊的学生，成长在一个特殊的家庭里，习惯不好，基础也弱，与同学相处暴力倾向明显。不放弃、不抛弃、不嫌弃是校长、教师对学生的基本态度。我与这个学生的父亲深入沟通交流，请他在实际生活中注意对孩子行为处事方式的引导，在"教"的同时，注重"育"，配合学校一起培育孩子良好的人格、人品。改变一个孩子务必要从他最感兴趣的地方入手。这个学生非常喜欢足球，但是足球社团、学校足球队都不愿意接受这个小队员。我亲自做担保，让他参与社团活动，也和他立下君子协定：不履行承诺，无条件退出。这个学生和他的父亲都同意了这个协定。一周过去了，一个月过去了，一个学期过去了，这个学生慢慢有了变化，每一次见到我，都会主动和我打招呼，主动报告近期表现情况。"叶校长，我近期表现还好，成绩也有进步，可是，有时还是控制不住自己，会犯一些小错误。"孩子在变，变得懂事，知道对错。为师的还有什么不满足的？

对遇到问题的孩子：看透一点

学生群体中总有一些在学习上、生活上存在"问题"的孩子。成长中的孩子所犯的错误大体上可分为习惯问题、能力问题、基础问题、视角问题，我一贯不赞成将这些问题定性为品德、品性问题。原本不大的校园里，从来没有发生过盗窃事件。2011年上半年却接连发生三起教师钱包失窃事件。有人怀疑是送水工人，有人怀疑是实习教师，也有人怀疑是家长，却没有一个人怀疑是学校学生。当第四起盗窃发生的时候，被教师们抓个现行的却是我们的一个学生。在跟该学生平心静气地聊完后,我了解到孩子只是因为想得到自己喜欢的悠悠球,才控制不住拿了教师的钱。我叫来家长,说明情况,要求家长还上钱,并要求事情到此为止,希望家长千万不要责备孩子,也让教师们统一认识,不要宣扬此事,更不能将事情定性为盗窃。教师、家长真的全部做到了,没有对该学生产生伤害,增加他的心理负担。到了9月份,学校举行艺术节开幕式暨国庆大合唱比赛,这个学生多方咨询,确定班级合唱曲目,邀请合唱指挥,积极组织班级排练,到处打听评委老师,希望班级能够取得好成绩。有的教师说:"这个孩子要犯事了,公然做投机取巧的事情,一定要狠狠批评他。"我把他叫到我的办公室,孩子说出了他的想法:"我这样做,就是希望我们班级能够拿到学段比赛第一名。因为比赛第一名的班级可以在9月30号下午去新校区(包河花园校区)进行合唱展演,这样我们全班同学就可以见到我们原来的班主任了。"他所在班级的原班主任由于工作调整,到新校区任教了。多么善良的孩子,多么懂事的学生!我们有什么理由看"扁"一个成长中的学生?又有什么理由看"死"一个本性善良的孩子?

孩子成长中一定会遇到问题,这些问题不全是孩子自身的问题,也不是不可以解决的问题,更不是孩子品性、品德的问题。我们要做的就是多从教育的角度给孩子与家长合理的意见与建议。教育是慢功夫,教育者要学会等待,静待花开;教育是难差事,教育者要学会会诊,妙手回春;教育是苦旅程,教育者要学会坚守,苦尽甘来。

换个视角看听评课

教科研是教师专业成长的动力,也是学校特色发展的不竭能源。听评课是常态教研活动中极为重要的部分,是青年教师实现专业成长的有效途径,是优秀教师形成教学风格的重要平台,也是学校教学实力呈现的主要舞台。

在课堂教学改革与实践中,教师教学经验日渐丰富,教学成果日渐丰硕。课的名目越来越多,课的形式越来越活,听课的规模也越来越大,少则十来人,多则上百人,乃至上千人。课的种类包括公开课、示范课、观摩课、过关课、研评课、比赛课、展示课等。为了进一步提高课堂教学质量,提升教师专业素养,学校会组织教师听课,课后组织教师进行研讨、评议。参加听评课的教师通常会有针对性地肯定课堂优点,指出课堂缺点,提出改进建议。但听评课实际效果怎么样,能给所有参与者带来怎样的收获,不好判定,有可能是事半功倍,也有可能是事倍功半,不排除还会产生一些负面效应。产生事倍功半乃至负面效应的原因也许不在于学校组织不认真、上课教师不刻苦、听课教师不上心,而是听评课教师的视角和立足点出了问题。

"横看成岭侧成峰,远近高低各不同",我们对事物的认识会有不同的视角与立场,对同一事物、问题的看法、观点会有不同。学校组织者对听评课的价值导向是非常关键的。我认为听评课的根本目的不是给别人提意见,而是给自己提个醒;不是希望别人能改变什么,而是明白自己能改善什么。听评课的人不要动不动以"专家"自居,而要以"后生"自谦。

一位教师在上《以诗救树》展示课时采用了"引导自学"的课型,我对这节课进行了细胞式评课。我的课例分析与其说是当时评课时的发言记录,不如说是听课之后的自我反思。以下是我的课例分析。

  对教师预设时间分配、实际课堂教学用时以及学生课堂自学实际情况的分析。在第一次自学环节,教师安排学生自学7分钟,完成"读"和"释"两项任务。读:正确、流利朗读课文。释:结合注释读通全文,再用自己的话说说古文的内容。两组八位教师观察学生自学情况后认为,学生基本上未能完成第二项任务,因为时间相对偏紧。第二个自学环节,教师安排学生自学9分钟,完成一项任务,即"悟"。观察得出,学生自学时间充裕,全部在7分钟左右完成任务,自学深入,效果明显,有较深的感悟。可以看出,无论是在重点预设上还是在时间安排上,教师都是将第二个自学环节作为本堂课教学重点看待,但是教师课堂教学的预设和学生自学实际之间有较大出入。这种现象的出现是正常的,没有被发现是不正常的;教与学的差异是正常的,发现之后没有引起教师的重视是不正常的;能够引起教师的重视是正常的,但是没有有效举措来逐步缩小差异是不正常的。细胞式评课方式是为了促使教师发现差异,促使教师想办法缩小差异,从而将提高课堂教学效果变成现实。

  对教师预设教学内容和学生实际完成的情况的分析,教师在课堂上设计了两道试题来检验和巩固课堂教学。学生的作业完成质量差异很大,有的学生言之有理、言之有据,有的学生语言精练、击中要点,少数学生由于理解上的问题,虽然有答案,但是语言浅薄、认识肤浅。为此,听评课教师认为,教师在设计试题时要注意结合文本,注意试题难度的梯度,可以采用一些提示性语言来引导学生。这样一方面使得试题具有一定的梯度、区分度和效度,同时进一步加强题目与文本的结合,逐步提高学生对文本的理解能力。

  我关注的是学生学习方法、自学能力和学习效果,关注的是教师对文本的理解和对教学梯度的把握。这些关注点可能是之前的听评课不太注意到的,或者是比较难做到的,至少是没有重视到位的。坚持具体化、细胞式的评课方式,必将从根本上改变任课教师的学生观、教学观、质量观,也必将逐步改变听课教师的教育观点和理念。累积的结果一定是师师合作的共同提高、共同发展和学生自育自学能力的切实增强。

听评课的基本立足点是听课者取他人之长补自己之短,改进自己课堂教学,促进自身专业成长。研评课开设的基本目的应该是同伴互助、相互提醒、共同提升。因此,一堂听评课进入研评环节,对于听课的教师而言,执教者听取你的意见与建议,固然可喜;不听取你的评论与看法,自有道理。不要以专家自居,放平自己的位置比居高临下的俯视更有同理心。

物理、"雾里"和"勿理"

周一上午第一节课,我在望湖校区巡视的时候,路过汪文生老师的班级,他正在给八年级学生上第一堂物理课,黑板上写着三个词:物理、雾里、勿理。走过这个教室之后,我就在思考,汪老师写这三个词是在告诉学生什么,希望学生怎么做,尤其是在学科学习的第一堂课上。

中午在餐厅吃饭的时候,正好和汪文生老师、刘久胜老师坐在一起,我自然就很好奇地询问汪老师。汪老师说:"这是学物理的三个境界。第一境界是'物理',即学物理、懂物理、用物理,乐在其中。第二境界是'雾里',即学物理是云里雾里的,知其然,不知其所以然,更不懂如何使然,雾里看花。第三境界是'勿理',即逐渐失去学物理的兴趣,不再理会,一片茫然。"精彩的学科第一课、清晰的学科穿透、明了的思维诠释,一定让孩子极其希望揭开初中物理学科神秘的面纱,喜欢上物理,产生学好物理的兴趣和动力。

同坐的刘久胜老师也看到了汪老师的板书,他却有别样的解释。他说:"物理是一门科学,原本属于自然哲学,是实践与理论的完美结合。'物'是物质的结构、性质,'理'是物质运动、变化规律,'判天地之美、析万物之理',缺少其中任何一个方面都是对这门科学的歪曲和误解。'理'缺少'王'字旁,就一定在'雾里'。'物'缺少偏旁'牛',物不全,'理'当然不再,学科学习就变成'勿理',没有道理。"他认为学科学习务必告诉学生从系统性、完整性、科学性角度理出学习的秘籍。

两位教师对这三个词的诠释,展示了为师者应该怎样优化教育教学手段与方式让学生喜欢上学科学习。懂得激发学生学科学习的兴趣,才能培养学生掌握学科学习的自主探究能力。无论什么样的学科,教学要有思路,才能培养学生思维;教学要有创新,才能激发学生探究欲。

互相说，不等于相互学

2019年，我两次去高新区参加合肥市新麓小学举办的学习共同体项目研讨、展示活动，有幸聆听了日本著名教育家佐藤学先生的演讲，重温了佐藤学先生的《静悄悄的革命——课堂改变，学校就会改变》，还获赠了佐藤学先生专著《教师的挑战——宁静的课堂革命》《学校的挑战——创建学习共同体》《学校见闻录——学习共同体的实践》。佐藤学先生一直奔忙于全球各地的学校，立足于课堂之中。他积极倡导并推进合作学习，针对合作学习制订系统的原则、要求与实施建议，为学校、一线教师提供了诸多教学案例，促进学校积极创建学习共同体。目前，合肥市已有两所学校——合肥市新麓小学、合肥市一六八玫瑰园学校，成为佐藤学先生在全球创建学习共同体的实验学校。

2019年10月10日下午，佐藤学先生点评了小学语文、小学数学的两节研评课，给了我很多启发。他提出，生生之间的互动是学生注意力集中的秘诀。课堂上，教师讲授时间为39分钟，学生自学时间为13分钟，如果倒过来安排时间，效果会好一些。教师有深厚的教学功底，又善于与学生沟通，再将课堂教学结构改革一下，一定会呈现非同凡响的教学风景。在教学过程中，教学难度适度提升，让学生有探究的空间，合作学习的效果会更好。课堂教学效能取决于教学中的师生关系、生生关系。学生更善于成对学习，但小组合作学习不能流于形式，不能只停留在"学"的交流层面，更应该有"学"的探究，应该注重学习共同体建设的创造性、探究性、协同性。"互相说，不等于相互学"的观点更是值得我在教学中认真思考，在实践中细细品味。

注重学生个体差异和个性化发展，关注学生在课堂上的学习状态，强调学生的自主学习、合作学习与探究性学习，课堂教学质量会更高。合作学习是学习的一种方式，20世纪70年代兴起于美国，是学生为了完成共同项目、按照明确的分工进行的互助式学习，是富有创意与实效的教学策略，也是深受学生喜爱的学习方式。

合作能力的培养必须在课堂上。课堂的表现形式是多样的：在教室里开展的教师教、学生学，教师上课、学生听课，教师问、学生答的传统课堂，是所谓的"第一课堂"；利用在教室之外一切校园活动开展的教育，是所谓的"第二课堂"；利用校园之外的一切社会实践活动、社会志愿服务、社会调研等户外感知活动开展的教育，是所谓的"第三课堂"；所谓的"第四课堂"是网络时代背景下，师生利用信息化手段进行的线上学习、网络学习。但无论什么形式的课堂都应该坚持立德树人，培养学生核心素养，使学生在德智体美劳方面得到全面发展，为未来发展奠基，为持续发展打基础。提高学生的合作能力、社会参与能力、综合素养是课堂教学的关注重点。我们在实际的教育教学实践上，要勤于搭建平台为学生提供合作机会，要乐于改进教学方式培养学生合作的兴趣，更重要的是要善于优化载体提高学生的合作意识与能力。

不可否认的是，目前合作学习的实施存在形式主义，师生对小组合作学习存在误读与曲解。课堂小组合作活动有合作学习形式，但是合作学习内容设计单薄、欠科学；合作学习的过程设计僵硬，知识生成不流畅；合作学习时间短，学生合作学习不充分、流于形式。合作学习期间，学生在表达观点时，不少是为了"说"而说，不倾听别人，也不吸取别人的建议，缺少真正的交流、学习和合作。"说"成为合作学习的起点，也是合作学习的重点，"说"是学习的立足点，也是学习的归宿。合作学习的实施难以实现其初衷和根本目标，学生在合作中未能高质量完成共同任务，学生的合作学习能力、合作学习兴趣、合作学习意识未能得到有效提升。也就是说，无论是从过程上看，还是从结果上看，学生都没有得到实实在在的发展与提升。

真正意义上的合作学习应该重在互助学习，关键在于真合作，在于学习者能够彼此交流,互相启发,交叉激励,在交流中成长,在竞争中成熟,在激励中成人,在实践中成才,在坚持中成就。

何炳章先生有一句话:"平凡的教育岗位,只有不平凡的付出,才有可能不平凡;简单的教育问题,只有不简单的对待,才有可能不简单;一般的教育方法,只有不一般的坚持,才有可能不一般。"这句话的深义值得我们为师者学习与领悟。我们要有仰望星空的教育理想,要有脚踏实地的实施自觉,也要有穷追不舍的认真精神,更要有精准施策的专业能力。

两组数据引发的思考

合肥市教育局委托华东师范大学考试与评价研究院举办的2014—2016年中小学学业质量绿色指标综合评价反馈会在合肥实验学校滨湖校区召开。根据研究院的分析结果,从自身纵向发展来看,合肥市义务教育阶段的整体办学水平、学科教学质量、学生品德行为、减轻学业负担、教学方式改进、校长课程领导力、区域发展均衡度等方面取得明显进步与发展,主要表现在教育质量得到提高、教育内涵得以丰富,为老百姓提供了更多更优质的教育服务。但与先发地区相比,合肥市义务教育阶段的教育尚有较大提升空间,在区域教育、中观教育、微观教育领域均存在一些不容忽视的问题与现象。

以人为本是教育的核心价值取向,具体到学校就是以师为本、以生为本,以教师、学生的科学发展为本。但是从专家反馈的两组数据可以看出,我们距离以师为本、以生为本还有不短的路要走。

第一组是有关教师专业发展的数据。小学学段培训的新兴方式占82%,经典方式占40%;初中学段培训的新兴方式占64%,经典方式占13%。学校管理者、教育主管部门已经认识到教师专业发展对教育、学校发展的重要性,积极搭建平台、创造机会促进教师专业化发展。但是,小学教师专业发展需求指数为94%,教师满意度指数为35%;初中教师专业发展需求指数为80%,满意度指数为30%。这两个学段需求指数与满意度指数分别相差59%、50%。可见,由于各种主客观原因,教师专业发展需求的满足程度并不高,实际成效并不令教师满意。这反映了教师培训中的一个问题:我们的校本研训、专业培训等各种培训并没有真正实现以师为本。现行许多研训,也许还是"新瓶装老酒",仍然是传统的讲座方式、单方向的传授,缺乏必要的互动与交流,教师的主动性没有得以激发。培训的内容较多注重理论输入,缺乏具体、有效的教育方式与技巧的传授,使得科学教育理论难接地气。假期,尤其是暑假,培训项目过多、时间过于集中,也不同程度地影响培训实际效果。教师专业化成长既要仰望星空,又要脚踏实地,关键在校本研训。校本研训的重要路径是专家引领、同伴互助、个人反思、行为改进。但在实际操作中,专家引领有余,教师个体与群体思维跟进不够;理论学习有余,实践贯彻与实施不够;教师个体学习有余,群体实践跟进不够;教师教学实践有余,教育教学实践后的反思改进不够。怎样做好最后一公里工程,事关教师专业成长大计。

更值得我们深思的是一组关于学生兴趣特长与爱好的数据。学生兴趣特长指数为2%,爱好特长指数为7%,潜能发展指数为64%,好奇心、求知欲指数为71%。可见,学生具有强烈的好奇心与求知欲,也具备积极发展的潜质与潜力,但学生的好奇心、求知欲和潜能没有真正发挥出来。导致这种问题出现的原因有多种。一是学校开设的社团活动受众面小,更多的是在学生社会培训机构训练基础上的锦上添花,存在不同程度的拿来主义。很多学校对校本特色课程的开展重视度不足,没有上升到课程建设层面,存在不同程度的随意性,影响学生特长发挥。二是家长在学生兴趣爱好特长的培养上存在急功近利思想。在幼儿园与小学阶段,家长比较热衷于孩子兴趣特长培养。在初中阶段,一切兴趣特长均让位于学业成绩,孩子的分数与排名成为焦点。文化课学习负担过重,也导致孩子没有时间与精力来继续发展兴趣爱好与特长。三是部分学生参加的兴趣班、社团是学校、家长意志的体现,不完全符合学生意愿,也不完全体现学生具备的特质。学生只是表面上应付,不入脑,不入心,也不可能真正践行。这些兴趣很难发展成特长,更难成为学生受益终身的习惯与爱好。四是教师在教育教学方法、技巧以及内容的选择上研究不够。学生兴趣爱好特长的培养需要遵循教育规律,教学行为要符合学生身心发展规律,否则学生即便具有某方面特质,也可能得不到较好的引导和发展。我们应该进一步丰富学生社团活动内容,优化社团活动形式,树立社团活动课程建设意识,扭转在发展学生爱好特长上急功近利的思想,真正让学生拥有受益终身的爱好与特长,享受生活、享受人生。

教育是一门遗憾的艺术。我们回首过往,总会感到一些环节尚未到位,一些实践尚不彻底,一些想法未能实践,一些成效并不明显,难免有教育理想很丰满、教育现实很骨感的感慨。但只要教育理想永在心,教育实践不停歇,坚定地向着教育理想彼岸前行,我们与真教育的距离就会无限接近。

基于社会主义核心价值观教育的主题联合教研实践

社会主义核心价值观教育渗透在基础教育阶段语文、历史、思想政治等多个学科教材中,实质上是一种跨学科的主题教学。这种跨学科主题教学在教学实践中并不少见,在指导目标和课程开发等研究上也有不少成果。如,清华大学石中英教授研制的北京市中小学校社会主义核心价值观教育阶段性目标框架,为社会主义核心价值观融入中小学教育全过程提供指引;温州市构建中小学社会主义核心价值观教育一体化教学体系,为实施价值观主题教学提供有益参考。但各地各校情况不同,因地制宜实施社会主义核心价值观主题教学需要针对性教研指导,也需要区域性、体系化资源。但系统性的课程开发、教研指导、内容建设靠单个教师或学校的力量开展起来难度较大,因此围绕社会主义核心价值观以区域推进方式开展联合教研,通过联合教研完成区域学情调研、课程设计、资源开发等工作,是高质量实施社会主义核心价值观主题教学的有效策略和途径。合肥市教育科学研究院以课题为抓手,从目标定位、整体设计、运行机制等方面对社会主义核心价值观主题联合教研的区域推进进行了有益探索。

教研愿景:以共同目标为纽带的多学科融合

从教研功能和作用来看,社会主义核心价值观主题联合教研是一种跨学科的应用研究,是为了解决某些特定的实际问题或提供直接有用的知识,不仅要回答"是什么",更要解决"怎么做"。跨学科主题联合教研不仅是多学科人员的组合,更是在共同目标引导下多学科的思维碰撞、知识融通、智慧融合,只有目标明确才能提升教研的针对性和系统性,才能通过具体任务强化协作,实现融通和融合。社会主义核心价值观主题联合教研的目的是给区域内学校、教师开展社会主义核心价值观教学提供抓手,为区域内学生提升社会主义核心价值观理解和认同提供支持,为达到这一目的至少要实现两个方面的目标。

一方面,教研活动成果能够为区域内相关主题教学活动提供指导。教师不仅要知道怎么教,更要明白为什么要这样教,这样才能深入理解教学内容,提升教学主动性,给教学创新带来多元化的可能。社会主义核心价值观主题教学不是浮于表面的意识形态教育,三大层面十二个核心价值观主题词内涵丰富、意蕴深远。追溯价值观的文化本源和时代原因,才能够提升教学认同感和使命感;深入了解区域内的教育现状和学情,才能有的放矢,从而提高教学的针对性和有效性。因此,教研和科研的整合是关键,科学、充分的调研是基础。为强化相关领域理论研究,提高调研的专业水平,尽可能扩大教研成果惠及面,教研团队在多学科联合的基础上,还可整合高等院校、出版企业等方面的力量,实现多主体联合。各学科、各主体充分发挥自身优势,优化协调,共同完成教研任务。

另一方面,教研活动成果能够为区域内主题教学活动提供资源。在跨学科教学中,课程开发是关键。由于缺乏课程资源,许多学校教师自行开发跨学科课程。这有利于增加校本课程的丰富性,但由于资源开发力量薄弱,也存在质量不高的情况。社会主义核心价值观教育说到底是培根铸魂的思想教育,采用灌输式教学难以达到效果,更适合用启智增慧、潜移默化的教育方式。课程资源的开发应该在开拓文化视野和提升理性认知的前提下培养文化自信,进而以文化自信去促进价值认同。同时,在网络时代文化转型背景下,如何在警惕后现代文化负面影响的同时与时偕行,关注数字时代语言生活新发展,体现学习资源新变化,积极运用新技术手段和文化形式,激发青少年创造力,对青少年进行价值观正向引导,也是课程开发和资源建设需要重点关注的问题。高质量的社会主义核心价值观主题资源开发需要历史、语文、道德与法治、心理健康、信息技术等多学科教师的共同参与。

在明确目标和思路的前提下,合肥市教育科学研究院启动"网络时代基于社会主义核心价值观引领的经典阅读推广"课题研究工作,将社会主义核心价值观跨学科主题联合教研落实到具体项目的研究和转化上,并制订了两大教研任务:一是在调研的基础上完成前期研究成果总结和学情分析,并形成研究报告;二是以初中生为对象,以主题阅读课程为切入口完成体系化的教学资源建设。

教研设计:以有机统一为原则的活动设计

为避免重视思辨、忽视实践和埋头教学、忽略研究的两种教研弊端,将教研活动落到实处,社会主义核心价值观跨学科主题联合教研采取了有"合"有"分"的活动设计。"合",即研、教一体化,调查、研究以成果转化、共享为目的,成果转化、共享以调研结果为依据,调查研究和成果转化有机统一;"分",即分阶段实施,整个教研活动分为调查研究和成果转化两个阶段,总目标和任务分解为阶段性目标、任务和具体工作,阶段目标和任务环环相扣,有序推进。

调研阶段目标是深入了解、研究学情,为后期成果转化阶段的课程开发和教学实施提供资料参考和理论指导;任务是完成调研,并形成报告;具体工作包括前期研究成果总结,调查问卷的制订、施测、数据采集和分析,等等。调研活动从宏观、中观和微观三个层面开展。首先,宏观层面上,研究网络时代文化特征,分析后现代文化对价值观形成可能造成的影响和开展社会主义核心价值观教育的必要性;其次,中观层面上,在深入理解社会主义核心价值观内涵和外延的基础上,对道德与法治、语文、历史等各学科教材社会主义核心价值观教育的渗透情况进行研究和整理,全面了解社会主义核心价值观的教材渗透情况;最后,微观层面上,通过在线调查问卷的设计和发放,对区域内中学生社会主义核心价值观教育和阅读现状做调研,对区域学情进行全面细致的分析。针对调研中发现的后现代文化大叙事流散,社会主义核心价值观教育系统性不足、均衡性不够,以及区域内学校对阅读引导和教学重视程度不足,青少年阅读方式网络化、碎片化、多元化,年级、性别变量对阅读和社会主义核心价值观认知影响显著等现状,教研团队明确了后继主题式阅读课程开发和资源建设工作应该遵循的思想性、系统性、时代性三大原则,和课内外结合、分主题设计、重视新技术应用的三条主要实施途径。

成果转化阶段目标是为学生阅读和教师教学提供抓手;任务是进行系统性的课程开发和教学资源建设;具体工作包括设计主题,遴选文本,撰写课程大纲和课程目标,完成教学设计,制作听书、导读视频,出版文本汇编和优质课例汇编,等等。这个阶段的工作更加细节化,在科学设置课程主题、内容和目标,合理利用教学方式和手段等方面,开发者不仅需要博览群书,有丰富的知识储备,还要深入了解学情,对新技术手段和资源使用方式有一定了解。而前期细致深入的调研,如对社会主义核心价值观在各科教材中渗透情况的全面研究,对区域内青少年阅读喜好、分享方式,对学校阅读课程开设和教师阅读教学中存在的问题等方面的详细调查,为学情分析、主题设定、文本遴选、教学设计提供了参考和依据。

作为系统性教研项目,社会主义核心价值观主题联合教研活动设计的关键是有机统一,调研者不仅要注重局部与整体的有机统一,明确各环节在整个项目中的作用,也要注重局部与局部的有机统一,从任务的关联性出发对每个任务应该达成的具体目标做到心中有数。如,问卷调查的作用是分析区域学情,为课程设计提供参考。团队在制订阅读情况调查问卷设置题目时,不仅调查了学生的基本阅读情况,还收集了学生的具体阅读喜好,对区域内中学生喜欢的图书、音乐、动漫、电影进行了整理和排序,以便文本遴选可以更好地激发学生阅读兴趣,使教学设计能够以学生喜闻乐见的方式导入。

教研机制：以对话协商为基础的"两主两分"

多学科、多主体的协调和优化组合是联合教研活动的关键。"网络时代基于社会主义核心价值观引领的经典阅读推广"在联合教研上采取了"两主两分"的动态调整机制。"两主"，即有主导、有主体；"两分"，即分阶段、分任务。项目在区域教育主管部门主导下，根据阶段性目标和任务对教研主体进行动态调整，不同阶段的教研主体不同，教研主体作为阶段性任务的主要执行者可以合理支配经费、调配人员。

调研阶段的工作以前期成果总结、理论研究和数据调查分析为主。高校教师作为该阶段主体，完成前期研究成果总结；在相关领域开展研究，并形成成果分享；统一设计调查问卷；完成问卷的在线施测、数据分析和总结，在量化研究基础上形成科学的研究报告。在该阶段教研主体的统一设计和要求下，语文、历史、道德与法治三科教师对社会主义核心价值观在相关教材中的渗透情况进行整理，对问卷进行修改、优化，完成试测。教育主管部门帮助教研主体组织优质师资和教研人员完成具体任务，为大规模问卷试测提供政策支持。市域内各初中学校积极组织学生根据要求完成问卷作答，予以配合。

成果转化阶段的工作以主题式阅读课程开发为统领，语文学科优秀骨干教师作为该阶段的教研主体，围绕社会主义核心价值观完成课程设计、文本遴选及相关资源开发。在此基础上，历史、道德与法治等学科教师共同研讨，在设计和开发阶段对意识形态、内容的专业性上进行审核和把关，对设计思路、课程目标、教学方式等提出建议；在教学实施阶段参与跟本学科相关的主题教学实践。教研员对内容资源提出制作要求和修改建议，并推动教研成果共享。

由于学科特点不同，不同学科教师思维方式和教学方式差异较大，产生分歧。教研活动采取了尊重教研主体建议，其他学科教师提出具体措施予以补充的办法。如,在进行课程设计时,道德与法治学科教师为突出社会主义核心价值观教育,建议主题先行,选文工作应围绕主题开展;而语文学科教师则认为主题先行可能会在一定程度上导致教学僵化,一篇选文往往会涉及多个价值观主题的解读,建议根据学段特点遴选作品,再设定主题。为给教师教学带来更多可发挥的空间,课程设计采取先遴选作品,再设定主题的做法。同时,为了突出社会主义核心价值观教育,课程目标设定采取包含价值观目标、学科目标、阅读目标在内的多维目标,以价值观目标为首要目标。

  研讨教学问题的目的绝不是对授课情况的好坏进行评价,因为对教学质量的议论只会彼此伤害。研讨的焦点应针对授课中的"困难"和"乐趣"所在,大家共同分享,以达到教研的目的。教学本身具有复杂性,无法做到十全十美,但追求卓越的精神不可或缺。社会主义核心价值观主题联合教研打破了围绕单个学科、个别课例为中心,以自身经验为主要依据的常态化教学教研指导模式,对教研活动的科研水平、教材整合能力、课程系统开发能力都提出了更高要求。在统一目标、分工协作的基础上,各学科教师、不同教研主体对话倾听、自我反思、互相学习、平等协商就显得尤为重要。

课堂教学研讨的"三学"

课堂,历来是教师实施教学、学生实现学习的主阵地,是师生情感互通、教学相长的主场所。因此,课堂教学理应成为学校提高教育教学质量的主抓手。提升课堂教学质量是一个永无止境的话题:怎样改变"教"的主导性不足、"学"的主动性不够的现象?怎样将课堂教学观摩与研讨、反思与改进落到实处?体现学术本位、牢记学科本质、强化学习本能,课堂才能提高教学的实效性,减轻学生课外学习的过重负担,激发学生学习内驱力。

一是体现学术本位。简而言之,对于一线中小学教师而言,学术本位就是要在平时工作与系统研究相结合、学科教学与科学研究相融合的基础上,将教学思路说清楚,将实践路径理清晰。一堂精彩、有品质的课,不仅能成功展示教师课堂教学基本功,还能够激发学生思维,让学生迸发新主张、新观点、新疑问,让学生习得感受与体会,让学生学得愉快、学得充实。一堂观摩课,一定是值得同行去研究的课,是有立意高度、知识宽度、思维深度、能力强度的课。以高中思想政治课为例,课堂立意要高远,课堂教学应引导学生培养政治认同、科学精神、法治意识、公共参与等学科核心素养,指导学生牢固树立社会主义核心价值观;学科资源要宽广,课堂教学要尽可能多地为学生提供鲜活、生动的资源,引导学生运用所学原理分析、利用资源,提高理论与实践相结合的能力;学科理解要精深,课堂教学要培养学生的研究意识、习惯与能力,对具体政治、经济、文化等社会现象的分析不能浅尝辄止,要找准一个或几个学生感兴趣的点,引导学生自主独立或者以团队小组合作的方式探究,寻根究底地提出自己独特而合理的看法与主张。

二是牢记学科本质。牢记学科本质要关注学科属性,体现学科特点,彰显学科独有的性质、价值,贯彻科学的课程理念、目标、标准,展示学科独具的教学内容、教学方法等,为学生提供丰富的学科课程资源,帮助学生培养学科核心素养。

以高中思想政治课教学为例,"生活与哲学"的教学重点是对学生进行科学世界观、方法论的教学,注重对学生认识世界、改造世界过程的教育,注重对学生思维方式与习惯的培养,引导学生从具体到抽象、由简单到复杂、从个性到共性、从低级向高级去认识事物。教育与实践的具体过程远非我们想象中的那么简单,不仅是循序渐进的,而且是曲折中前进、螺旋式上升的。这个过程本身对学生来说就是生动、有真切体验的教育。

一切从实际出发,实事求是,是思想政治学科教学中应该遵循的科学精神。引导学生洞察社会经济、政治、文化等现象,运用所学经济、政治、文化、哲学等知识原理对现象加以分析,加深对知识原理的理解,提升学生解决问题的能力与水平,帮助学生树立正确的世界观、人生观和价值观,教师自己也在教育教学实践中建立正确的发展观、质量观和育人观,既是最好的教学方式,也是教学中学科本质的最好体现。

三是强化学习本能。现代社会是学习型社会,现代学校应该是学习型学校。终身学习的习惯与能力是现代人生命中生存、生活、发展必不可少的基本素养。生活在新时代的每一个人都应该是终身学习的人,视学习为本能。担当传道授业解惑重任的教师理应成为终身学习的典范。良好的学习习惯是学科教学中实现学术本位、体现学科本质的基本保障,顽强的学习意志更是课堂教学永葆青春、活力的根本所在。

世界上没有两片完全相同的树叶,课堂上也没有完全相同的学生,教师面对的教育对象是千差万别的。由于先天遗传、后天获得等方面的原因,学生在智力、知识储备、家庭背景、基本习惯、思维方式、理想追求、职业选择、学习认同等方面均有较大差异。读懂学生,把握学情,精准施教,均需要我们有着谦虚的学习态度、坚定的学习毅力、高效的学习方法。教师要坚持向理论学习,站在巨人的肩膀上,在科学理论指引下进行教育教学实践,少走弯路,尽可能不走错路。教师要向实践学习,坚持理论与实践相结合,坚持在做中学,在实践中深化认识,在实践中丰富自己。教师要向专家学习,求教专业成长科学之道,求解教育路上的疑难杂症,求得指导学生未来科学发展的教育之策。教师要向同伴学习,"独行快,众行远",相互帮助,合作共赢,共同成长。教师还要向学生学习,新生代的学生思维活跃,思路开拓,贴近学生就是紧跟时代。教师要向自己学习,反思是一个人的第二生命。养成反思的习惯,精于总结经验,敢于直面问题,善于寻求对策,乐于提升自己,才能终于提升学生。学无止境,教无穷尽。学生在教师的专业发展中愉快成长,教育在教学相长中实现品质提升。

课堂，谁会给你所谓的答案

2019年8月5日下午，合肥市教科研人员专题培训班邀请北京师范大学教育学部教师教育研究所周钧教授为全体学员做了一场题为《在教学中研究，在研究中成长——行动研究案例分析》的报告。这场报告激发了我对课堂教学方式的思考：课堂，谁会给你所谓的答案？

下午三个小时的专题报告，周老师围绕"行动研究"主题，从定义、特征、步骤等多方面对学员进行引导教学，思维缜密，条理清晰。周老师始终面带微笑，语气平和，与培训学员充分互动，引导学员积极思考。培训教学质量在师生相互交融中提升。

一场报告下来，学员对行动研究产生了兴趣，逐步破解了对行动研究的诸多困惑与不解，受益匪浅。循循善诱的教学方法，不给现成答案的课堂教学技巧，是此次培训取得良好效果的主要原因。整个过程始终是师生共同活动的过程，更是学员主动学习、自主学习、合作学习、探究性学习的过程。

报告一开始，周老师就告诉大家学习任务就是以行动研究案例为载体，解决行动研究几个关键性、核心性问题，并明确告知不会给学员现成答案，答案只能靠自己习得。每一位学员最终要实现的学习目标是：能够定义行动研究并归纳出其特征，初步学会从自身的教育教学实践中选题开展行动研究，思考行动研究对于教师成长、学校发展的意义。

周老师从具体案例导入，让学员了解本次课就是要大家从研究背景、项目实践中发现问题，初步推测问题产生的原因，通过初步调查、分析结果，重新认识问题根源，确定研究的问题，形成行动研究方案，制订研究计划，分析实施效果等多个环节对行动研究进行系统思考。

周老师分享的第一个案例是围绕"高二学生在英语阅读课上表现不积极、不太愿意参与课堂活动"的教学现象开展的行动研究。教师根据教学经验提出导致问题产生的原因为：学生对英语阅读缺乏兴趣，语言能力有限，无法回答教师的问题；担心答错丢面子；课堂设计单调，学生参与机会少；课堂没有轻松的氛围，学生不敢发言；阅读材料过于陈旧、远离社会生活等。但是，教师在实际调查之后发现，89%的学生对英语阅读感兴趣，学生不积极、不愿意参与课堂活动的主要原因是课堂气氛沉闷、教学方式单一。调查结果使教师认识到，调整课堂教学方式是必要的。教师重新调整自己行动研究的主题为：改进课堂教学策略，激发学生课堂参与的积极性。教师采用学生自选阅读、合作阅读、小组讨论等方式改进了自己的课堂教学。改进之后，89%的学生对课堂活动的设计满意，78%的学生认为课堂学习氛围比以前更加活跃与轻松，93%的学生表示课堂参与的机会多了，参与积极性也随之提高。课堂发言人数也从极少数变为绝大多数。但是，课堂教学依然存在不足。小组合作、讨论，阅读时间充裕，学生自选材料，会导致阅读难度较为适中或者相对偏低。而在测试中学生要在有限的时间里阅读难度较大的、不熟悉的内容，难以取得理想的测试结果。而测试效果又会影响学生的阅读兴趣。因此，教师在改进课堂教学氛围的同时，还要进一步改进阅读教学技巧，优化英语阅读策略。

案例分析之后，周老师布置学习任务：根据以上案例，你认为什么是行动研究？行动研究的特点、步骤是什么？请试着写出行动研究的定义。学员在规定时间内基本完成任务，周老师并没有直接就学员的答案做点评，而是要求各位学员结合前面的学习，对照专家的定义，再修改自己关于行动研究的定义。随后，周老师在巡视中解决学员遇到的困难与问题。学员自己总结的未必全是对的，但一定是最为珍贵的。

学员了解基本流程之后，接着就进入了实战阶段。周老师引导学员思考如何确定研究选题，并给出"安徽省中小学生网络学习现状调查""教育成本分担结构对普通高中教育质量的影响""我校小学英语课堂分层教学存在问题的研究"等 8 个课题,让大家讨论中小学阶段是否适合利用行动研究的方式开展上述选题研究,并概括适合行动研究的选题特点。根据讨论结果,大家一致认为适合行动研究的选题有如下一些特征:研究对象人数少,课题切口小,内容具体,难度小,与自身教学相关性强,便于实操等。之后,周老师剖析了"通过班级责任岗位培养学生合作能力的研究"等 17 个具体案例,验证学员经过讨论得出的相关结论。

基本的操作熟悉之后,周老师又给学员布置作业:在你的实际教育教学中,一些问题经常引起你的关注,但一直没有机会加以研究,根据你的经验,分别提出一个适合行动研究的选题和一个不适合行动研究的选题。每一位学员在积极思考后均按照周老师的要求分别写出两个选题。其中有三位学员阐述原因,周老师对学员存在的质疑分别做出点评。

周老师还以 2018 年获得第二届基础教育国家级教学成果奖一等奖的部分项目为例进行指导,如"提升中小学生作业设计质量的实践研究""引导学习环境重构的中小学创新实验室行动研究"等,引导学员们再一次反思自己是否适合用行动研究的方式来做研究。培训的最后,周老师结合学员研究的经验以及学习思考,进一步梳理行动研究的基本步骤:首先,确定选题,梳理文献,在此基础上设计研究计划,采取行动,观察访谈,问卷调查,进行实物收集,数据收集;其次,进行数据分析,反思,再进行第二轮、第三轮行动研究;最后,撰写研究报告。周老师还具体分析行动研究对教师专业成长产生的作用,并推荐了行动研究的经典案例与参考书目。

报告会上,周老师没有直接给学员一个科学完整的概念,更没有"权威"地提出行动研究的要求,而是在遵循学员认知规律和激发学员学习兴趣的基础上,鼓励学员积极思考,大胆尝试。在周老师指导下,学员自我修改,自我完善。在培训过程中,学员既学习了专家研究的理论成果，又结合了自身的教育教学实际；既激发了自己学习的兴趣，又得到了专家的悉心指导。原本枯燥乏味的教育理论报告，变成了寓教于乐的课堂。

周老师用自己的实际课堂教学告诉学员：作为教师，注重教学过程永远比关注教学结果更重要；激发学生学习的内驱力永远比不相信学生强压、硬灌更重要；引导学生掌握方法永远给学生现成的答案更重要。教师的课堂教学不是孤芳自赏，而是用学生喜欢和接纳的方式来指点迷津。

培训结束后，我和周老师进行了交流。周老师说："为何教师们的主动参与意识还是不强，参与行动还是不积极呢？"我认为，这是因为大家习惯了教师讲、学生听的方式，习惯了被动的"灌"，不积极、不主动成了常态，并建议增加小组合作的方式。学员在自主学习的基础上，先在小组范围内充分讨论，以小组为单位交流、汇报学习情况，培训教师重点点拨各小组学习情况，这样效果也许会好一些。8月下旬，周老师在一次讲座中尝试用小组合作方式之后告诉我，培训效果非常好。我更加敬佩周老师，也为自己感到欣慰。

教育就是在教师与学生之间寻找一条心灵的通道，就是在知识与能力之间架设一座互通的桥梁，就是在情感与觉悟之间优化一种融通的方式。课堂，谁会给你所谓的答案？谁也给不了你准确的答案、科学的答案、永恒的答案。我们只能自己去求解，还好可以在教师引领下思考、设问、寻解，并进行实践，从而实现自我提升，自我发展。

生长的
学　生

教育，我们错在哪

中小学生课业负担重已经成为全社会关注的重点、焦点、热点，是我们教育部门应该解决的问题难点，也是基础教育的痛点。

上海、江苏等地相继出台系列措施，希望切实解决中小学生课业负担重的顽症，让学生实现自主、快乐、健康、科学发展。我们要潜下心来认真分析、思考学生负担之源、之因，静下心来认真寻求解决负担问题之策略，狠下心来认真将解决之策、化解之法贯彻到底，真正让社会放心、家长宽心、学生舒心，还原教育本质。

一是考试本身没有错，错在拿考试成绩与排名来"激励"学生。考试作为教育评价的方式与手段之一，对教育的积极作用不可小视，但是我们对教育评价手段、方式的认识不能片面，要清醒地看到考试评价应用的负面效应。在横向上找到与同伴之间的差距，是考试评价的应有之义，但我们更要从不同角度上看考试的作用。即使单纯的学业考试分数也有学科总分、单科分数、各题型分数等各种类型，总分我们要看，单科分数、各题型分数我们也要看。仅有的几次量化分数不是评价学生最重要的指标，更不是评价学生的全部依据。纵向上，学生这次的80分与上次的92分，其实是没有可比性的，因为考试内容、难易度不同。简单、片面地用考试分数来评价学生，甚至给学生定性，显然容易失真，会给教师带来误导，也会给学生传递错误信息，不利于实现学有所教。

一次考试之后，教师、家长应该引导、帮助学生找寻知识掌握、能力技巧等方面的长处与不足，总结前一阶段学习习惯、学习方法、作业练习上的得与失，分析一定要到人、到科、到题、到选项。一认真就具体，唯有具体才能深入，只有深入方得提升。我们简单地按照分数进行班级、年级排名,学生通过排名只能找到自己在班级、年级的位次坐标,但依然不知道下一步努力、改进的重难点在哪,更不知道学习的介入点、突破口在何处。这样的考试对学生学习视野拓宽、学习兴趣培养、学习能力提升等方面没有什么好处。简单的分数排名不能代替全面科学的评价。一部分学生在小学起步阶段,就因为学业考试成绩不理想,被定性为"差生",是不科学的。

二是作业本身没有错,错在无选择性、少针对性的重复刷题。中小学阶段,学生的学习已经不同程度地被异化为做题。学生把题目做完了,不论答案对与错,学习任务都完成了。这是学校教育教学上的最大悲哀。

如果我们的试题是有针对性的、有选择的,对学生真正起到检测、诊断的作用,当然很好,但多数教师布置作业,几乎没有选择,很少提前做一遍,做简单挑选,导致作业千篇一律。一段时间、一个学科、一个班级甚至一个年级就一张统一试卷。对于资优生来说,作业没有任何难度,没有挑战性,复习、巩固、消化、提升的意义微乎其微,这样的做题是浪费时间。对于学困生来说,难度太大。老师要求第二天一早必须交作业,学生大部分题不会做,只好要么抄,要么糊,身心被折磨。

三是负担本身没有错,错在单纯依靠延长时间、增加课时、增加强度的方法来获取"绝对价值"。压力既可以成为负担,也可以转化为动力。学生的学习必须有压力,常理状态下,负重前行的人会不自觉加快脚步,会主动思考改进方法,积极寻求提高效率的方法,实现学习效率的相对提高。

现行教育体制下,尤其是中学阶段的部分学校、教师、家长,将教育质量窄化为中、高考科目的学业成绩,质量提升手段依然处于较为低级的水平。一说到提高教育教学质量,很多人就直接联想到补课、增加课时、增加作业量、提高做题速度、增加做题强度。减少了阅读、锻炼、非考试科目学习、娱乐等时间,不谈社会实践,靠延长学习时间、增加学习强度来实现"绝对分数"的增加,不是提升教育质量,而是降低教育质量。因此,教育主管部门要求减轻学生过重的课业负担,教师、家长以及有关社会人士,就会将减负理解为只是学校减负,家长必然增负,学生势必被推向社会培训机构。

"减负"是指减轻超出学生身心健康成长所能承受的过重课业负担,目的是保证学生在能吃饱、睡好的前提下,有更旺盛的精力、更强壮的体魄,更好地投入学习,实现快乐学习、健康成长。因此,减负务必要走出相关误区,减负不是降低教育教学质量上的要求,不是减少教育教学内容,也不是将本属于学校的教育教学责任转嫁到家长和社会培训机构上。

减轻学生过重的课业负担已经引起党和国家的高度重视,减负不是完全不可解决的社会及教育顽疾。我以为解决这一问题的良好时机已到来。作为教育工作者,我们必须从教育自身发展规律、学生身心成长规律角度积极思考对策与方略,帮助学生掌握学科学习思维方式,培养学生良好学科核心素养,激发学生学习兴趣与内在主动性、自觉性、积极性。只要我们切实转变教育教学理念,不断优化教育教学手段,努力净化教育教学环境,切实减负的明天一定会尽快到来。

减负的阵地在课堂,教师要优化课堂结构,提高课堂教学质量;减负的载体在作业,教师要优化作业选择,提高作业效率;减负的难点在家长,家长要与教师一起共同激发学生学习的内驱力与主动性;减负的重点在细节,政府、社会、学校以及教师、家长、学生应该抓牢、抓实学习中每一个环节;减负的成效在学生,学生自觉自愿学习,负担就会变成动力,学生学会自觉的过程就是最好的教育。

一个人能主动、有兴趣、有方法地做一件事,不断有获得感、成就感、幸福感,就不会感觉累。即使身子累,心情也一定是轻松的、愉悦的、幸福的。

别让减负成为逃避的借口

面对升学压力,不少家长帮助孩子选择国际教育,以为选择了国际教育,就能逃避压力,就意味着有了轻松的学习环境。其实在国际学校学习任务也并不轻松,学生要面对诸多的阅读任务,完成大量的探究性作业。作业的时间并没有减少,学习任务的要求只会更高。只是不少学生不再认为学习是枯燥的,不再被动地去学习,而是充满了兴趣和主动性。

教育的本真是唤醒。苏格拉底的父亲是一位有名的石雕师傅,在苏格拉底很小的时候,有一次他父亲正在雕刻一只石狮子。小苏格拉底观察了好一阵子,突然问父亲:"怎样才能成为一个好的雕刻师呢?""看!"父亲说,"以这只石狮子来说吧,我并不是在雕刻这只石狮子,我是在唤醒它!""唤醒?""狮子本来就沉睡在石块中,我只是将他从石头监牢里解救出来而已。"

教育不是急功近利地追求分数,不是为了在千军万马的竞争中冲过高考独木桥,不是为了明天所谓的体面工作与生活,更不是我们成年人自我愿望在孩子与学生身上的强加,而是学生实践智慧的点燃,是学生内心灵魂的唤醒,也是学生内在驱动力的激发,更是学生发展潜力的不断迸发。

目前不少人对教育上的"减负"有诸多误解,不分青红皂白,走向另一种极端。在我看来,减负也要问具体学情,也要设定合理目标,利用适宜的方法。科学减负至少要有以下几个方面的认识。

"减负"不是无区别的全域减负。部分农村地区、部分薄弱学校学生的课业负担不是过重了,而是太轻了。课业负担过重主要集中表现在城市地区的部分"热点"学校、"热点"班级、"热点"学生身上。

"减负"不是无差异的全员减负。部分学有余力的学生负担不是重了,而是轻了、偏了。这主要表现为作业结构不合理,学有余力的学生不再需要简单的、低水平的、训练式的重复劳动,应该在知识延展、思路开拓、理解精准、运用创新、深入探究上增加"负担"。

"减负"不是无目标的全面减负。教育的根本任务是立德树人,教育的本质是学生灵魂的唤醒、学习内驱的激活。当下"减负"的呼喊声让一些人误以为现阶段教育就是摧残孩子成长的"罪魁祸首",误以为教育阶段性任务就是减负,殊不知有压力才有动力,有负重方能平稳。适当的负重前行是教育教学和学生成长发展的动力。

"减负"不是无选择的全力减负。如果教师只考虑大多数学生的平均水平,给所有学生布置完全相同的作业,对成绩好的学生来说,过于简单,他们只能原地踏步,浅尝辄止;对于后进生来说,又太难,他们一直不会,信心殆尽,步履维艰。有选择的减负,让学有余力的学生具有探究精神,学有所长,学有深度;让学有所困的学生具有学习动力,学有所获,学有温度。

选择性减负,不是逃避高质量的学习,而是选择高效学习,选择有方法的学习,选择全面而有个性的学习;选择性减负,不是规避有内涵的质量,而是抛弃"绝对剩余价值"生产方式的分数增加,选择"相对剩余价值"生产方式的质量提升。

教育来点"欲擒故纵",好不好

无论是家长,还是教师,总是喜欢将孩子的时间安排得满满当当。学前教育阶段,孩子的时间大多被放在各种兴趣班、特长班上;进入小学阶段,兴趣班、特长班数量减少,但学科类的拓展性学习增加;进入初中、高中阶段,各种兴趣班、特长班基本上被中考、高考科目作业、补习所代替。考什么,就补什么。体育锻炼是为了中考加分,项目主要是中长跑、跳绳、坐位体前屈、立定跳远等。艺术、科技创新、机器人、编程等兴趣的培养都不同程度地有了升学的功利色彩,高中阶段体育、艺术、科技等方面的学习具有更加明确的升学指向。

立德树人是教育的根本任务,学生全面而有个性的发展是教育追求的目标。让学生多方尝试,承受一定压力,生出一些动力,是教育的应有之义。学校、家长、教师的出发点是好的,但是使用的具体路径、方法、技巧尚有需要商榷的地方。也许,我的想法偏于理想化,但是,没有理想的教育就不会有诗与远方。

教育要抓紧是对的,但是"紧"是有讲究的,要符合教育规律。两只手握得越紧,抓的米不是越多,而是越少。只有用捧的方式,留出最大空间,才能获得最多的米。教育也一样,不能一味强调"抓得越紧,效果越好;抓得越严,质量越佳"。"早七点,晚七点,晚上作业十二点",一定不是孩子心甘情愿接受的,也不是家长打心里希望的,更是不利于学生身心健康成长的。试想,一种以损害学生身心健康成长为代价的教育,会是优质的吗?

教育能不能宽松一些,心境能不能放松一些,我们能不能来点"欲擒故纵",值得我们深思。

日常生活中也有例子为证,比如骑自行车。刚会骑车的人会两手死死地握紧把手,生怕松一点车子就会偏离方向;而技术娴熟的人在骑车时,一定是思绪淡定,轻握把手,轻松上路,手与把手之间似握似不握,一切尽在掌控之中。学习何尝不是这样?!

一个专心致志在快餐店吃午餐的孩子,被妈妈要求数一数现在餐厅里的就餐人数,关注一下每一次进出的人数,最后要计算出餐厅实际就餐人数,还能吃好这顿饭吗?抓住教育时机,无可厚非,但是选择在孩子就餐的时候做出这样的要求,是不是太残忍?一是败孩子就餐的胃口,不利于食物消化。二是败教育的胃口,在不适合的教育情境中进行不科学的教育行为,教育必然以失败告终。

每天锻炼1小时,有助于学生身心健康发展,更有利于学生课业学习。用挤占学生课外活动,甚至体育课的时间来补习文化课,是得不偿失的急功近利之举。一周一次和孩子一起进行喜欢的运动,既交流感情,又强身健体;既增进了解,又愉悦心情。何乐而不为!

适度的闲暇、适当的放松,是对紧张的学习、工作的调节,更是学生放飞思绪、冷静思考的机会。学生在学习上总会遇到瓶颈,有时会感觉到有一个坎迈不过去。这种时候我们就需要给孩子"悟"的时间和空间。如果孩子连发呆的机会都没有,哪还有"悟"的机会?更不可能有"悟"的灵感。偶尔发呆,放空自己,天马行空地遐想,或者什么都不想,何尝不是一种身心的调节。只有适当地休憩,才能更好地再出发。

给每一个学生新希望与新力量

世界上没有两片完全相同的树叶,校园里没有两个完全一样的学生。每个学生基础厚薄不同,习惯好坏有别,能力水平有异,追求目标不同,家庭教育各样。作为教育工作者,我们理应给每个学生合适的教育,实现学有所教和因材施教。具体的教育行为非常平淡,但是经过我们教育工作者的努力,平淡就会变得不简单。

帮助每一个学生获得一个成功经验

我一直坚信:每一位学生都会有值得骄傲的地方,每个人都有自己的耀眼光芒。

一个阶段的学习之后,我们可以帮助孩子就走过的路、做过的事、考过的试,回过头做一些认真、科学的梳理,尤其要找出孩子取得的成功和进步,进行总结。如,这次的作文孩子得了满分,是因为注入了自己的真情实感,而不是简单的文字堆砌,得益于平时的观察体验。通过这样的总结,我们帮助孩子明白集腋成裘、厚积薄发的道理。

我们要帮助孩子客观分析,静下心来和孩子耐心、细致地交谈,要用事实与案例说话,切忌说空话、套话、虚话。教师与家长一定要学会"讲故事",尤其学会讲教育故事。如果家长说不出喜悦的故事,一定是家长的失职。教师可以给学生一张"师生欣赏卡",在卡上写出欣赏的理由,比如错题数量减少、作业更加认真、积极帮助同学等,让学生有亲近感、真实感、存在感。教师还可以鼓励同学之间相互赞扬。

帮助每一个学生吸取一个失败教训

品学兼优的学生也会有失意彷徨，也会有需要改进、完善的地方。阶段性考试之后的学情分析，不能只是简单的排名、分数的分析。这些是表征与外显，我们从中看不出问题的实质，也不知问题存在的原因，更无法从中找寻改进方法与路径，无法帮助学生寻找失分背后的原因、排名下降的缘由。如果绝对分数、相对名次均上升了，我们要考虑是不是因为学生付出了更多的时间，消耗了更多的精力，在学科学习中有没有更巧的方法、更好的方式、更高效的途径。如果大的问题不太好找寻，我们不妨将问题聚焦，聚焦到学科、试题，聚焦到知识点、答题技巧，聚焦到复习方法的选择、学科学习时间分配、作息时间调整等具体细节。当然，一些学生会存在做事磨蹭、行为懒散，听不进家长、教师、同学的意见，过于贪玩、痴迷游戏等问题。每一个学生也应该根据实际情况找准自己的问题、毛病，可以自己找，可以让教师提出，也可以主动请家长、同学帮忙提出。找问题一定要真心实意，不是为了完成任务。不管是自己找到的，还是家长、教师、同学提出的，必须是真实的、发自内心认可与确定的问题。面对找到的问题，我们要遵循"有则改之"原则。除了学习上的问题，生活上、习惯上的问题也要找一找。作息时间有没有遵守？作业有没有自觉完成？跟同学相处怎么样？有没有主动关心家人？这一周里我为家庭做了什么？等等。我们每一次都能真心实意地找出一个问题，改正一个错误，一段时间后就会取得很大的进步。

帮助每一个学生树立一个奋斗目标

目标是明天的客观现实，是今天的前行动力。目标的确定是一门科学，目标的实现是一门艺术。

一千个学生至少有一千个目标,目标确定的依据各有不同。我们可以在吸取成功经验和失败教训之后,通过认真分析再确定目标。目标既可以是自己学业上的纵向目标,也可以是同学之间相互比较的横向目标;既可以是懒散习惯的改变,也可以是作息时间的调整与执行;既可以是单科学业目标,也可以是全科学业目标;既可以是单方面的小目标,也可以是多方面的综合目标;既可以是学生自己的个体目标,也可以是与家长、同学结对的团队目标。团队目标增加了相互监督、彼此促进,更有利于目标的实现。目标的制订可以兼顾个体目标和团体目标,要将个体目标与团队目标有机结合起来。班级与家长可以一起建立一个阶段性目标达成度的考核奖惩机制,设立目标达成度阶梯奖、不同星级奖,以鼓励为出发点,以促进为基准点,让学生树立、确定目标,具有努力实现目标的动力、干劲。对目标的憧憬是自己前行的动力,更是获得幸福感的源泉。

帮助每一个学生找准一个实践路径

每一个目标的实现都要有科学策略与实践路径,且需要坚持不懈的执行。教师、家长要检查、督促、鼓励学生,也要帮助学生在坚持中不断优化实践路径。具体路径的选择,可以从自己觉得必须改变、可以改变、有能力改变的问题入手,由小到大,由易到难,由简到繁,由少到多。如,一些有拖拉毛病的学生,想要提高作业效率,可以从不说"等一会""时间还早""马上"等口头禅入手,采用事事计时的方法,养成在固定时间内完成既定任务的习惯,再在提高作业准确率上下功夫。少数学有余力的资优生,不妨尝试削减简单作业数量,增加探究作业,增强学科学习的挑战性、刺激性。少数学生学科学习基础较差、缺差面比较大,定的目标高容易挫伤学习积极性,不妨把比较有把握、有信心的学科作为重点攻破,树立学习自信。一些普高达线无望的学生,尤其是基础特别弱的学生,不一定要将学习的重点放在提高学业成绩上,而是要重点提升对学习、生活的信心,大胆尝试让学业成绩变成学习生活的副产品,更注意品行,在自信中实现自我提升。对一些在学科学业成绩提升上存在瓶颈现象的学生,教师要有具体可行的指导意见与改进措施,要分析到单元、模块,注重原理解析、解题方法、应试技巧、题型研究,带领学生在少数探究题的剖析上下功夫,帮助他们突破瓶颈得到提升。

目标易定,方法难寻;方法好找,坚持不易。唯有不断思考、不懈改进、持之以恒,才能收获成功。

平等看待学生

教育是育人的事业,教育的主体和客体均是人:教师和学生。师生之间的关系是互动的,教学相长是教育教学活动的客观效果,实现教师的专业成长与学生健康、全面、快乐发展共生共长。

教师的职业生命与价值会在学生身上延续,学生的美好未来需要良师助力。一个优秀学生的成长一定离不开一批优秀教师的教育、熏陶与引导,一个优秀教师的成长当然也离不开一批求知若渴的学生的促进。

在教育教学的实践中,教师与学生一定会遇到问题与困惑,而对问题与困惑的思考、分析与解决以及过程中的实践、体验与感悟,本身又成为教育的动力,促进教师教育教学水平的提升,也促进学生德智体美劳发展,实现教师与学生的共同成长。

资优的学生提升教师,"有问题"的孩子改变教师。学生的快乐、健康成长与教师的专业发展息息相关。一个师德高尚、专业功底深厚、教育理念前卫、教育手段新颖,尤其是教学方法与技巧适合学生心智特点的教师,一定是学生的"经师"和"人师",一定能给予学生宝贵、难得的精神财富。

教育功效一定是在师生互动密切、师生关系融洽状态下实现的。怎样实现师生互动、师生合作、教学相长?从"教"的角度上看,教师要树立正确的学生观。

首先,必须把学生当平等的人来看。这个看似简单、几乎不成问题的教育命题,恰恰是当下教育的敏感话题,至少不是所有教师、所有时候、面对所有学生都能够真正做到的。"不容学生犯错误"的心态存在于不少教师的潜意识中。德智体美劳全面发展,学习、生活习惯良好,比较"听话"的学生得到教师的青睐,在情理之中;行为上常犯错,习惯上有瑕疵、学业上呈"灰色"、家庭教育上有缺失的学生,不讨人喜欢也在情理之中。但是,无论怎样,学生作为自然人的尊严、人格、权利等不容侵犯,理应得到尊重。各种体罚、冷暴力现象应该被杜绝。如果我们的教育对象连起码的人的尊严都得不到尊重,何谈师生关系融洽?何谈教育公平?没有教育功效,教育上的长远发展又何从谈起?

其次,必须将学生当孩子看。基础教育阶段学生均是未成年人,处在知识、阅历、生理、心理、身体、品格以及三观的形成时期,看问题不够成熟、全面,犯错误是常有的,知错不改、改不彻底更是司空见惯。但是,这个阶段的孩子出现这样或那样的问题,有生理、心理等方面的原因,为师者要科学分析与对待。小学生的选择性表达,不是品德问题,也不是撒谎。一年级学生开学时不会拼音,不会写字,不会10以内加减,都是正常的;会了,只能说明家庭教育有提前,学前有准备。当然,起步阶段也有一些学生特别优秀,但不是普遍现象。为师者,懂一点教育学,懂一些心理学,弄明白学生身上出现的问题原因在哪,症结在何处,才能找到合理、科学的解决方法,才能真正做到把学生当孩子看。

再次,将学生当作成长中的人看。学生与学生之间是有差异的,有的是先天的,有的是后天的。学生又处在不断地变化之中,会受到家庭、社会、学校等各方面的影响与熏陶。教师不能用一把尺子来量所有学生,也不能用同样的、固化的尺子丈量变化着的学生。唯有动态、多元的评价才能真正实现师生之间的互动、互融。否则,一切先进的教育理念只能永远是观念上的、理想化的,即便落实在行动上,也只能是局部的、暂时的,不可能做到普及、常态、长效。

教育是辛劳的,因为我们不能找到一个方法一劳永逸;教育是神圣的,因为我们在为学生的未来奠基,指路,添动力;教育是智慧的,因为我们面对的是个性不同的学生,需要我们因人而异,因材施教,方能实现学有所教。

我们今天的教育行为可能会影响学生相当长的时间,甚至是一辈子。唯有教师与学生人格平等,教学互动,才能使学生"亲其师,信其道",才能帮助学生成就未来辉煌,实现人生价值。

实现学有所教的"四分"模式

"四分",即分层教学、分别指导、分类作业、分卷考试,是让具有不同知识基础、不同学习习惯、不同学业水平、不同学习能力、不同潜力倾向的学生有自己的努力目标、奋斗方向、学习路径、成功体验,不断增添学习与进步的动力,一步一步走向成功的有效手段。

分层教学,就是教师根据学生现有知识、技能状况、能力水平、潜力资质、职业倾向等,把学生科学地分成几组进行教学。组间同质,组内异质,各组学生在教师恰当的分层策略和教学中得到最好的发展和最大的提高。目前,分层教学大体有分层目标教学、分类指导教学、差异建组教学、分层走班教学、分层互动教学等几个模式。分层教学还要依据智力测验、学习成绩、教师意见、家长意见、学生意愿等进行分层,要正确处理好分层、分组与分别之间的关系,一般实行弹性管理机制。分层不是固定的,每学期或每学年要进行必要调整。层次变化主要依据学生学习情况,兼顾学生的学习感受与接受能力,进步显著或学习吃力的可以重新分组。

在分层教学的基础上,我们还要实施分别指导、分类作业和分卷考试。

学生之间存在较大差异,个体也在不断变化,认知能力、合作能力、创新能力等方面的差异不是随着时间推移、年龄增长、教育深入在缩小,而是在进一步增大。要想真正做到学有所教,就必须针对学生实际进行分别指导,在充分了解学情的基础上,切实尊重学生意见与想法,帮助不同的学生制订不同的努力目标,面向不同的学生给予不同的生涯指导,教会不同的学生掌握不同的学习方法,针对不同的学生提出不同的作业要求。新课程、新高考将学生个性化发展提上重要议程,使选课、选考、选专业、选职业与每个学生的具体学情、实际紧密结合,让学生感觉只有这样的学习才是自己的,只有这样的教育才是合适的,唯有这样的发展才是愉悦的。

分类作业,即针对不同认知水平、学科基础、学习能力的学生布置不同层次、不同数量、不同要求的作业。一个基础极其薄弱的学生保证每天能够完成 5 道基础题,并真正弄通、弄懂,三年下来,就会掌握近千道基础题,他的学习兴趣就不至于丧失,学习能力就不至于停滞,学习成绩就不至于不提升。更重要的是他获得了学习的成就感,也习得了不懈的毅力与决心。即便他的成绩依然不理想,他也是一个在做人、做事上不断进步的人。对于少数学科学习上学有余力的学生,我们就应该给他们提供快通道、宽跑道,让他们减少简单、重复、低水平的刷题,把他们从低水平、耗时间的学习中解放出来,给他们提供更多自由学习的时间,甚至可以让他们从传统课堂中走出来,走进自学室,学习研究课本以外的更多知识。教师给予学生同步的高位指导,帮助他们找到学习新方向、拓展学习新领域、探究思维新空间,也可以让他们适度提前预习下一学段知识,提升他们的自学能力,进一步激发他们的学习兴趣。在同样的三年时间里,与其他同学相比,他们不仅能拥有更多的知识、更宽广的视野,在研究性学习上也能飞得更高、走得更远。

分卷考试,即针对不同的学生实施不同水平、要求的考试与评价,让所有学生在科学的教育评价中找到自信,获得成功。教育的根本任务是立德树人,教育要符合教育规律、人才成长规律,才能促进人的全面发展。分卷考试就是关注具体教育行为的末端,检验阶段性教学与学习成效,查找教学行为中的不足,充分发挥考试与评价的鉴定、导向、激励、诊断、调节、改进等教育功能。针对基础较弱的学生,考题可以选自平时基础性练习、错题集,用于巩固阶段性学习成果,检验前期学习实际成效,树立下一阶段学习信心;对于学习能力较强、学有余力的学生,试卷中可以适当少一些基础题,多一些拓展题、创新题,使其感到有发挥的空间。分卷考试的尝试可以解决常规教学、考试中的少数学生"吃不了",部分学生"吃不饱",一些学生"吃不好"的问题。

将不同的学生放在不同的教育层面上,让不同学生树立不同的努力目标,使所有的学生均有学习成就感与幸福感,真正实现学有所教,这才是真教育的应有之义。

谨防"五育"被"五化"

学校教育"五育"并举，积极创新实践，在课程规划、学校文化建设等方面取得了不少成果。但是，"五育"并举过程中尚存在区域落实不平衡、学校发展不均衡等现实问题，"五育"在受重视程度、落实深度、成果效度等方面亦参差不齐，甚至还存在着被"五化"现象。

德育被简化

德育被简化，表现为德育被简单地理解为活动，内容浅显，形式单一，教育价值被忽略、不明确，甚至出现偏差，主要体现在以下几个方面：

德育主体简化。德育应该具有全员、全程、全方位育人特征，学校的每一位教职工都是德育主体，承载着教书育人、管理育人、制度育人、环境育人、服务育人、文化育人的不同责任。有的学校却把德育当成是班主任、道德与法治学科或思想政治学科任课教师的事，是学校德育处、政教处、团委大队部的事，是校长的事。原本全员承担的重任，被简化为学校少数人的专责，原本应面向全体学生的教育，变成了专门针对行为习惯有偏差学生的"小灶"。

德育方式简化。科学、有效的教育应该有合适的载体和合理的方式，方式和载体的选择要能得到学生的认同。浅显化的说教，应付式的主题班会，假大空的宣传，枯燥乏味的课堂，程式化的社会实践，不会打动学生心，不能入学生脑，也不可能内化为学生的思，更不能转化为学生的行。没有精心设计的活动，没有贴合学生的实践，按部就班的德育方式"精简"了德育的成效。

德育内涵简化。部分学校对中、高考内容的关注超乎寻常,而对德育的基本内涵缺乏认真学习、精心研究。德育往往就事论事,内容滞后且形式单薄。没有学生的主动参与、积极实践、深度投入,德育只剩下我们教育工作者孤芳自赏、自娱自乐。教与学分离,德育效果平淡无奇。

德育结果评价简化。德育的实现效果难量化,易虚化,难考核,对德育效果的评价是软尺度、虚指标。我们通常会用学生认知性知晓、阶段性表现来作为衡量标准,用部分学生的品行表现来代替全校学生的品德行为绩效,用简单化的纸笔测试成绩来作为德育实践效果,用德育活动数量去衡量德育质量,用量的方式来作为检验活动的质的标准。德育结果评价如此简化,必然会误导学校、教师和学生。

德育成效需要在实践中累积。学校德育应在社会主义核心价值观指导下,坚持以学生为中心的"三主原则"。"三主原则"是指以学生为主体,由价值作主导,学生主动参与。以体育节为例,体育赛事是德育的重要载体,实施过程中,活动策划邀请学生参与,项目设置征求学生建议,流程设计倾听学生意见,开幕式议程采纳学生创意,过程考核体现学生意愿,结果成效发动学生宣传,活动实施引导学生反思等,这一切是培养学生集体主义、团结合作、爱国敬业、诚信友善、顽强拼搏等意识的重要途径。我们相信学生并依靠学生,才实现真正意义上的为了学生。

智育被窄化

智育是基础教育中备受家长、学校、社会关注的部分,存在做作业就是刷题、教学就是满堂灌、评价就是考试、成绩印证一切等诸多问题。出现这类问题的主要原因是智育被窄化。

智育目标窄化。教育的根本任务是立德树人,智育也不能例外。但受升学压力的影响,智育目标往往被窄化为升学,被窄化为单纯提高文化课考试成绩、中考和高考成绩。学业成绩压倒一切,升学率"一俊遮百丑"。个别小学高年级实行月考,小学阶段的智育目标被窄化为迎合"热点初中"的升学;初中阶段智育目标被窄化为参加中考、提高中考分数;高中阶段的智育目标被窄化为迎接高考,考上985、211和双一流的名校,有个好专业。

智育内容窄化。中小学智育内容涵盖语文、数学、英语、科学、物理、化学、生物学、思想政治(道德与法治)、历史、地理、音乐、体育、美术、信息科技、通用技术、综合实践等学科。根据中、高考分值和比重,地位原本平等的学科被分为三六九等,如主科和"副科"、中考科目与非中考科目、高考科目与非高考科目。中考、高考考什么,学校就开什么课程,学生就学什么,没有列入考试范围的常常被忽略。中考体育加试结束之后,学校的体育课就消失了,大课间也被取消。

智育方式窄化。智育内容的丰富性决定了智育方式的多样性,智育内容的不断更新决定了智育方式的不断创新。不同学科特点、学生个体差异决定了智育方式必须具有差异性。如果智育方式被窄化为机械性抄写、缺乏理解的背诵、重复性刷题、教师自我陶醉的满堂灌……就会导致智育僵化,教育失去生命力。

智育评价窄化。无论是对基本知识、基本技能的考查,还是对综合实践能力、学生发展核心素养的评价,都采用考试的结果性评价方式,是智育评价窄化的主要表现。智育成效只表现为量化的分数,只有横向比较产生的冷冰冰的排名。本应多样的智育评价活动被单一的笔试取代,本应灵动的智育评价过程被机械读卡代替,本应鲜活的智育成效被无表情的分数替换。智育评价窄化,凸显出我们对待教育成效的短浅眼光,心中缺乏教育大格局。

什么是真正意义上的智育?我们不妨思考一下,教师在课程、课标、课堂等关键点上吃透了多少,把握了几分,悟出了几成;现行智育在基本目标、教育内涵、教学方式、价值取向上缺少了何物,偏移了什么;教育立足点是否在学生,着眼点是否在成长,我们对学情真正了解吗,对学生真正理解吗,是否为学生的发展找准了最近发展区。智育需要真智慧,智育重在育,而不是"灌"。

体育被弱化

近年来,学校高度重视体育,对学生的体质健康水平进行监测,依据标准,配齐体育设施,培优教师团队,实施学生体魄强健工程、体艺"2＋1"项目、校园足球,积极落实每天锻炼1小时的要求。体育也被纳入中考计分项目,体育意识、健康理念逐步入心、进脑。但是,体育被弱化的现象仍然客观存在。

一是体育教育的功利化。体育在初中阶段被异常重视,不排除是因为被纳入了中考必考科目。体育课内容大多被设定的中考项目,如立定跳远、跳绳、中长跑、坐位体前屈等。体育的价值指向不是提升学生体质,保障学生健康,而是一味追求分数。违背体育常规的现象屡见不鲜,学生打了封闭针还出现在中考体育的赛道上,打着绷带依然在跳绳。中考结束,训练就结束,锻炼就停止。

二是体育教学的放羊式。体育课开始时3分钟训话,结束前2分钟总结,有时甚至总结也被省略,中间时间完全让学生们自由发挥。三三两两团坐,三五成群聊天,想干啥就干啥,这样的场景在中小学体育课堂上并不少见。学生喜欢体育运动,因为学生天性要施展、心灵能放松、个性要体现、活力需释放。学生不喜欢体育课,是因为课程缺少他们喜欢的内容,缺乏他们认同的形式,更因为课程不能给他们带来成就感、幸福感。

三是体育成果的锦标型。学校对外宣传时,画册上会有我们平时校园、教室、功能室里根本见不到的体育项目。有一部分学生的体育获奖与学校教育无关,学校只是奖状的收集者、展示者。部分体育特色学校招收特长生,只是锦标的应景、画册的点缀,学生的体育项目获奖只是给学校装点门面。

四是体育课程的可代替性。中小学体育课程标准在课程目标中明确要求，学生应掌握与运用体能和运动技术，提高运动能力，养成良好的体育品德，形成健康的生活方式。然而在部分学校，到临近期中、期末考的"关键"时候，针对毕业班的"关键"学生群体，体育课被代替的现象时有发生。有的是被阶段性代替，有的是被永久性替换。难道学生的体质是可以替代的，学生的健康是可以缓存的吗？

基础教育12年是学生长身体、强体魄、练意志的重要阶段，学生应该掌握一两项运动技能，受益终身。在这个阶段，学生养成体育锻炼的习惯，在习惯养成中培养自律和坚毅的品质；学生拥有良好的体育爱好，把它作为陶冶情操的有效载体。未来，我们的学生才能利用健康的体魄向生活要质量、向工作要品质，真正实现每天锻炼1小时，健康工作50年，幸福生活一辈子。

美育被浅化

有人认为我们生活在低美感的社会，部分人患上了审美匮乏症。这与中小学美育被浅化有关。

一是美育认知被浅化。中小学对美育的认知不足是较为普遍的现象。对美育的内涵认识不足，主要表现为以为美育就是美术教育的简称，就是绘画教学、书法教学。书法教学、绘画教学又被狭隘地理解为书法、绘画技能的教与学，主要看字写得是否端庄，图画得像不像，缺少美学知识传递、美的意识引导、美的意境解读。真正意义上的美感教育不多，不少中小学校美感教育没有"美"的成分、缺少"美"的因子。原本丰盈、生动、鲜活的美育变成干瘪、枯燥、单调的教育。

二是美育实践被浅化。美术课被等同于书法、画画、剪纸、手工课，音乐课被等同于识谱、唱歌、弹琴。学校的艺术节以不变应万变，没有创新，难有吸引力，节目无外乎是书法、绘画、合唱、器乐，组织形式也始终是老一套，无外乎比赛、汇演，活动效果不佳必然在预料之中。学生不喜欢学校的美育,学校不从自身找原因,而是一味责怪学生缺情调;教师不从教学上找差距,而是一味抱怨学生没悟性。

三是美育悟性被浅化。美的悟性从何而来?它需要美学教育的熏陶,需要审美能力的历练。美育可以渗透在校园生活和学习的方方面面,但学科教育和学校文化却常常缺少美的引领。语文教育缺少人文之美,数学教育缺少建模之美,物理教育没有热电之美,化学教育没有变化之美,思政教育缺少思辨之美,体育教育缺乏形体之美,手工课没有构图之美,舞蹈课律动之美不足。平时得不到耐心引导,没有充裕的时间与空间细细评析、慢慢品味,学生怎么能够悟出生活和学习中的美?

美,无时不有,无处不在。美图可欣赏,美文可鉴赏,美景可观赏,美境可赞赏,各美其美,美美与共。生活中不是缺少美,而是缺少发现美的眼睛。科学与艺术密不可分,生活与审美紧密相连。唯有关注品位,方能成就品质。有品质的教育一定是美的教育,一定是美感充盈的教育。

劳育被异化

劳育与德育、智育、体育、美育紧密相连,是"五育"并举关乎落地的部分,更是培养学生综合素质、核心素养,提升学生必备品格、关键能力的重要手段。劳育被异化现象,使中小学生劳动教育出现一些问题。

劳动被异化为吃苦。"书山有路勤为径,学海无涯苦作舟",学习从开始到持续,从过程到结果,会经历一个曲折的过程,会有艰辛甚至痛苦,会有汗水甚至泪水。但独具创意的解题思路让学生有新鲜感,精心策划的校园活动满足学生成长的需要,成果的不断获得使得学生的学习更舒心、更愉悦。不断拔节的成长状态,何尝不是快乐、幸福与享受?将学习与"苦""罪"等同,忽略了学习的获得感、幸福感、成就感,是对劳动教育的曲解。

劳动被异化为惩戒。也许是因为有劳动改造、劳动教养的说法,一些教师也不自觉地将劳动的功能等同于惩戒。学生迟到会被罚扫地,课堂说小话会被罚擦黑板,作业没完成会被罚擦玻璃。学生只要违纪,教师就会将各式各样的劳动作为惩罚,以致我们看到学生在校园里劳动,就以为这个学生又违纪了。班级里的劳动委员没有学生竞选,劳动的教育功能被误读,劳动的教育价值被扭曲。

劳动被异化为等级。平等是社会主义核心价值观的重要组成部分,根据从事的工作种类、劳动形式划分人的等级、层次的现象依然存在。社会中的畸形个案成为部分家长、教师教育学生的"经典"案例,劳动教育的核心价值被扭曲。这种观念也影响到了学生,有些学生觉得班级里学习委员要比劳动委员更荣耀。

劳动可以树德,增智,强体,育美。劳动是最有效、最有用、最实在的教育,是真正的教学做合一。檀传宝教授认为,重视劳动教育并不是简单地安排课时来开设劳动教育课程,而是要在理念上加强、更新对劳动和劳动教育的认识。让学生养成劳动的习惯,增强学生劳动观念、劳动意识和劳动技能,让学生学会自己的事情自己做,可以通过日常家务、手工制作、非遗传承、学工学农、社会实践、志愿服务等多种方式来实现。

人是一切社会关系的总和,需要全面发展、全程发展。教育是育人的事业,立德树人是教育的根本任务。"五育"并举是教育的基本方略,也是学生科学发展、全面发展的必然要求,更是实现中华民族伟大复兴的需要。基础教育就是要为学生未来发展打下坚实基础,要帮助他们塑造优秀品格,养成良好习惯,发展核心素养,提升综合能力。我们无论在什么时候,无论遇到怎样的困难与问题,都不应该急功近利地看待"五育",也不应该根据个人喜好对待"五育",更不应该厚此薄彼地实施"五育"。教育的路途一定是布满荆棘的,教育的实践也肯定充满挑战,然而教育的价值与意义也恰恰蕴含其中,教育的幸福感与成就感就在这个过程中发生。

假如教育是农业

著名教育家叶圣陶先生说："教育是农业，不是工业。"我们面对的教育对象——学生，就好像是农业的生产对象，教育工作者、教师就应该是农民，教育教学行为就类似于农业生产的全过程。教育工作者需要有农业生产的意识，从学生实际出发，在尊重教育发展规律、学生成长规律的基础上，树立辛勤的劳动观、适宜的环境观、合理的培植观、科学的价值观，充分调动学生学习积极性、主动性，让学生在适宜的环境中，寻找科学的学习方法，实现轻松愉快学习，实现健康科学发展，享受学习带来的幸福，享受全面而有个性的发展。

在农业实践中，肥沃土地、环保肥料、科学种植、优良种子、科学浇灌、精准施肥等因素是农作物健康生长的保障，教育上影响学生成长进步的因素无外乎先天因素、后天因素、个体因素、环境因素、教育因素等内外因。学生成长和农作物生长一样，都是内因和外因共同作用的结果。农民是农业实践的主体，具有主观能动性；农作物是农业实践的客体，处于被动的管理状态。而学生与教师的关系却不那么简单，不同于农作物与农民的关系。作为教育对象的学生是有意识、具有主观能动性的行为主体，有主动成长的诉求、积极发展的渴望。家庭、学校、社会共同为学生提供成长与发展所需要的外部环境。我们要不断更新教育观念，优化教育手段，积极创造有利于学生健康成长、快乐发展的环境。作为教育工作者，我们必须向农民学习正确的种植观，在教育上树立科学的育人观。

辛勤的劳动观

农业面对的种植对象是千差万别的。就水稻而言，因地域不同品种也各有差异,我国南方有四季稻,中部地区有早、中、晚三季稻。小麦、玉米、油菜、山芋等作物属性不同,对种植的土壤、季节都有各自要求。世界上没有两片相同的树叶,教育的对象是学生,是有思想意识、有主观能动性的个体,学生的个体差异远远大于植物。教师对学生的认知与教育,不能以班级、年级为单位,而应该以学生个体为单位,逐个了解。我们既要发现学生的不足之处,也要挖掘其身上的闪光点;既要了解学生的兴趣爱好与特长,也要了解学生的家庭教育背景;既要观察学生目前的发展状态,也要预判学生未来的发展潜质与潜力。不管学生资质如何,无论哪个阶段的教育都没有择其善者而教之、择其不善者而弃之的特权,坐在教室的每一位学生均是我们的教育对象。我们的责任就是让他们在昨天的基础上得到更好的发展,在今天的基础上未来有能力享受更多的幸福。就像农民熟悉农作物属性,因地因时制宜,遵循客观规律,辛勤耕种土地,洒水施肥,培育作物,一季接一季,一茬又一茬,我们也要因材施教,送走一届学生,迎来一届学生,帮助每一位学生成才。

适宜的环境观

农业是受自然界影响最大的行业,但又不是纯粹靠天收。农民可以在因地因时制宜上多做研究,想点子,下功夫。农民会选择高帮地种植旱地植物,比如花生、棉花、山芋。种植山芋,要专门理好垄子;种植水稻,要选择水源充足的地块。每一块地均有适宜种植的农作物,每一种农作物均有适合自己生长的地块。但"适宜"并不是指"舒适","肥田出瘪稻",作物种植也不能一味地提供养料和舒适的环境。水稻种植过程中必不可少的一个环节就是"烤田",即在水稻生长的关键阶段,将田里水抽干,经过太阳暴晒,让田地结成板块。"烤田"可以增强水稻根部的抓力,有效避免水稻后期倒伏。我想,这类似于学生成长中的挫折教育和意志力培养。

教育工作者在认真分析学生基本情况的前提下，为学生选择、创设适宜其健康成长的物质环境与人文环境。农作物的生长环境一年四季并不常春。季节规律里的风霜雨雪与冷暖变换，甚至不可预测的自然灾害，都给农作物生长带来重重考验。学生成长的环境也应如此。孩子在成长过程中固然需要关怀、帮助、支持，但也需要受点挫折、有点委屈。有时我们对教育的重视程度不是不够，而是过度。过分的呵护取代了亲身的体验，无底线的表扬取代了合理的惩戒，会让我们的孩子受不得一点点委屈与挫折。温室里的孩子，走上社会，面对压力，怎么能受得住现实的风吹雨打？

合理的培植观

能否科学种植、精耕细作决定了是否有好收成。根据土壤和种子的属性合理种植；依据墒情选择肥料，科学精准施肥；适时适度浇灌，投入必要的田间管理，才能成就好收成。

农业中的科学种植、精耕细作对我们教育工作者应有启发。棉花与水稻的种植地域、密度是不一样的，花生与油菜的种植方式各有不同。学生的性情、资质各异，我们的教育方式也应不同。抑郁质的学生通常较为敏感，这就要求教师要更细心，教育要更精准、更细腻，勉励要比批评多；胆汁质的学生，通常略显粗放，教师要注重方向引领、过程督促，多采用激励的方法。施肥要适度，浇水要分类。旱地植物不需要太多水，而水稻基本离不开水。稻田里水的深度也有讲究，水过深必然影响水稻生长，会使水稻"溺水"。平时的田间管理，也并不需要每日去松土剪枝，而是间隔一段时间，适时适度去锄锄草，既不能长时间不管不问，也不能死盯着不放，要依据规律科学种植和管理。教育何尝不是这样？唯有懂得张弛有度，抓大放小，才能让学生依据自己的个性健康发展。

科学的价值观

天生我材必有用,世界万物的存在总有其独特的作用和意义。在使用价值上,我们无法在油菜、小麦之间做出权衡。两块同样的地,一块种棉花,一块种小麦。如果统一用称重的方式来衡量产出,那胜利者一定是种小麦的农民;如果统一用体积大小来衡量产出,那一定是种棉花的农民胜券在握。用同一种标准来衡量所有农作物的价值大小,显然是不公正、不合理的。

社会的进步发展需要各个行业、各种层次的劳动者。在教育实践中,需要面对个性各不相同的教育对象,我们显然不能用一个标准去评价所有的教育对象。用游泳的标准来衡量举重运动员,用声乐的标杆来评判文学爱好者的成就,显然不合适。但在教育评价现实中类似的事件却不断发生,学科成绩成为学生学业评价的唯一指标,中高考成绩排名作为教育工作者评优的关键要素的现象依然存在。

一步一景,一日一色,千姿百态是世界的本来面目。每个人都有自己的发展方向和目标,每个人都有自己要走的路,每个人的前进速度和方式各不相同,实现的价值也体现在不同领域、不同层面。教育不能靠天收,也不能机械化生产人才,应该是人人有追求,追求各不同。

此文发表于《安徽教育科研》2019 年第 4 期

提高中考分数含金量要处理好三大关系

有人说,没有分数飞不起来,只有分数没有未来。这句话不仅道出了分数的重要性,也表明了分数不是学校教育、教师教学、学生学习需要的全部。分数是"硬道理",但提高分数也要"讲道理"。我们需要把握好对分数的重视度,掌握提高分数的方式方法,做分数的驾驭者,而不是分数的奴隶。

处理好分数与分析的关系

在现行初中教育与中考大背景下,分数的重要性毋庸置疑。但是,部分学校将教育教学质量等同于文化课的分数,尤其是中考科目的分数,是对教育教学质量的曲解。社会关注分数、家长在意分数、学生追逐分数、评价依赖分数的现象客观存在。分数本身没有错,看重分数也无可厚非,提高分数以及提升分数的含金量却大有文章可做。学校管理者、任课教师以及家长、学生应该正确处理好分数与分析之间的相互关系,没有细致、精准、系统的分析,不可能有进一步提高的分数。

分数只是教育评价结果的呈现方式之一,教育评价目的不仅是验证,还是鉴定、诊断、激励、调节、监督、管理与改进。其中诊断、调节、激励与改进尤为重要,能够有效促进学校、教师、学生对自身的改进与提高,保证未来持续与科学的发展。

检测之后,我们要认真对待学业质量的分析,找准分析之道,找寻分析之妙,透过学生试卷上冰冷的分数,帮助学生找到提升的空间、改进的方法,让分数高的同学更加阳光与自信,让有失误的同学有改进的自觉与信心。良好的质量检测分析至少包括以下三个方面：一是对试卷本身的分析。试卷分析要根据试卷命题的多向细目表，对照试卷拟考查的知识点、能力点、素养点，学生得分点、失分点进行分析，做到点点对应、分分落地，无一遗漏，让学生的学情与考情有机结合，帮助学生进一步加深对相关知识点、能力点、素养点的理解，提升学生应用能力。二是帮助学生进行各学科成绩的综合分析。学生既要看到自己本次考试情况，又要了解同伴的考试情况；既要学会与自己进行纵向比较，又要学会与同伴进行横向比较；既要找到自己的差距，更要找到自己的优势；既要吃透教师的指导性分析，更要有自我剖析，找到下一步改进的方法。三是帮助教师进行教学效果分析。教学效果分析要分析班级得分点、失分点以及每一道题的错误率，分析每一个学生在整张试卷上的得与失，通过考试检测结果分析倒逼教师找到备课准备、课堂教学、课后辅导上的不足，思考下一步改进举措，让教学思路更明晰，教学方法更有针对性。

处理好关键与关心的关系

一个人成长的过程中有无数个关键时期、关键事件与关键点。某个时期、某个事件或节点之所以成为关键，一是因为自身性质、地位、作用，二是因为我们抓住了它的重要性，认识到位，实施到位，才使得原本平淡的事件、时间与节点变得不再普通。在中考这一节点上，我们将其作为"关键"来看待，就必须将"关心"贯穿始终。

中考是学生的中考，学生是中考科目学业学习的主体。以生为本的教育理念要求我们务必关注、关心学生，学生是解决中考这一主要矛盾的主体，关注、关心学生就是抓住主要矛盾的主要方面。关心是将关键落到实处的前提，抓住关键才是关心落地的基础。

对学生负责当然要对学生的中考负责，我们要提高学生的中考成绩，也要实现学生的全面发展，更要使学生拥有健康的身心。我们要教师敬业地工作，也要使教师智慧地教学教育，更要使教师愉快阳光地生活。学校的教育教学管理者一定要有懂人、识人、提升人的境界与能力，有献身教育的情怀，能够让教师、学生感受到关心与温暖，能够激发教师、学生的内在积极性、主动性与创造性，将校园内的时时、处处、事事都化为教育资源，使学生、教师都得以持续发展，才是抓住关键的"关心"。

处理好抓紧与抓准的关系

当关键时候来临，处理关键事情、解决关键矛盾时，我们会反复强调一个"抓"字：抓分、抓成绩、抓知识点记忆、抓能力点提升、抓热点问题分析、抓重点考点剖析、抓应试技巧、抓解题方法研究、抓时间与效率……

我认为在我们的教育教学中，临近中考的后期复习要正确处理好抓紧与抓准的关系。抓紧是一种工作状态，抓准是一种工作智慧。抓紧是从时间的角度强调紧迫性，要求在单位时间里完成更多任务；抓准是从效率的角度强调精准性，是在单位时间里高质量、高效率完成任务的保证。抓紧是指工作的密度要加大，工作的强度要增强，但工作的效度未必能够达到要求。抓准则更加注重抓重点，抓要害，注重工作的实际效率与效益，注重工作方法的选择、工作技巧的优化、工作品质的提升。抓紧未必能抓准，抓准还需要抓紧。我们既要抓紧，更要抓准。

初三毕业班的最后阶段，抓紧是毋庸置疑的，更要紧的是抓准。后期学科复习课不仅是选题、做题、改题、讲题的"刷题"，更要弄清试题隐含的道理与规律，帮助学生做到举一反三、触类旁通。

从教学上来说，"刷题"也是有规律可循的。在错题集的梳理与处理上，在经典试题收集、展示与训练上，班级以小组为单位，学生自主组题。试题来自学生，试题回归学生，试卷分析由学生担当，学生自己剖析测试结果,当"小老师"的大胆尝试会让学生有更多的主动性与自觉性,实现"要我做"向"我要做""我会做"的根本性转变。二轮复习时,教师不要包办代替,不能用教师的"勤"补学生的"拙",何况学生不拙;更不能用教师的"慧"补学生的"愚",更何况学生不愚。教师要与学生共同建构学科知识框架体系,引导学生自主勾画知识树、思维导图,千万不要用自己的"聪明"与"智慧"拆掉学生自主进步的阶梯。

启迪学生学习内驱力的教育才是真教育,引导学生"慧"学习的教师才是好教师。这就不是一般意义上的抓紧,而是懂教育、善教育的抓紧与抓准的有机融合。

厌学,并不全是学生的错

事物发展过程中不可能始终一个状态到底,人也一样,不可能始终情绪激昂、激情澎湃。教师有间歇性的职业倦怠亦属于常态,只是倦怠的原因有不同,倦怠的时间有长短,倦怠的表现有差异,倦怠的负面影响有大小。既然教师的职业倦怠可以被理解,那么学生的厌学情绪是不是也一样可以被理解呢?

学生是一个生理和心理皆处于成长状态中的未成年人,一个在成长中会不断试错并犯错的人。我认为,学校本就应该是一个允许学生犯错误、为学生提供指导、帮助学生纠正错误的地方。学生就是在发现错误、纠正错误、不断改进中成长起来的。学生的学习状态应该是一条曲线,而且是一条不规则的曲线。我们要求学生学习要用心、尽心、专心、耐心、细心。既然学习过程与心的联系如此密切,时刻离不开心,它也应该类似于心电图,既有激昂的高峰,又有跌落的低谷,跌宕起伏,变化无常,但又万变不离其宗,始终在可控范围之内,始终处在运动中。

影响学生学习情绪的因素涉及多个方面。天气、环境等外在因素影响学生的学习情趣与学习效果。身体欠佳、情绪低落等个人原因也会导致学生学习兴致不高,使学生产生厌学情绪。不感兴趣的学习内容、不科学的教学方式,更会导致学生失去学习兴趣,丧失学习动力。即使学生喜欢体育,但如果从七年级开始,体育课教学内容就是坐位体前屈、跳绳、立定跳远、中长跑,也会排斥体育课。这样的厌学恐怕也不尽然是学生的责任吧。

教与学是既对立又统一的矛盾体,彼此相互依存,互相促进,在实践过程中体现教学相长,最终实现共同发展。教学关系良性互动的前提是"亲其师,信其道",是"师生合作,爱满校园"。在教学中,我们未必能够始终如此,但是应该始终以此为目标,在追求目标的路上前行。

教师的职业倦怠客观存在,教师在课堂上、教学中的言谈举止、精神风貌会对学生的学习状态产生重要影响。一个情绪萎靡的教师怎么能调动起学生激昂的学习志趣?一个怨声载道的教师怎么能培养出人格健全的学生?如果一个有职业倦怠的教师不及时调整状态,也可能会导致学生厌学。

当教师对教育有情怀,对教学有情愫,对学生有情感时,他一定会倾注激情,投入精力,耐心指导学生学习。纵然面对重重困难,他亦会施展教育智慧,千方百计谋划帮助学生。届时,教育的美好愿景就不仅仅是人工性、技巧化的盆景,而是未来型、生态式的风景。教育目标的达成亦指日可待。

怎样对待青春期的叛逆

很多人一说起叛逆,就会谈虎色变,望而却步,一定联想到青春期孩子不听话,难以沟通。其实叛逆没有我们想象的可怕,更没有我们想象的恐怖。这是孩子成长中的必然,也是走向成熟的必然。

叛逆的孩子会有一些反常的想法,会做出一些出乎意料的事。叛逆,未必是褒义词,但一定不是贬义词。长大是所有孩子的愿望,叛逆是孩子宣布自己长大的强烈自我表现。这个阶段孩子生理发育迅速、较为成熟,而心智发展明显滞后,想做主的愿望逐渐迫切,支撑自我做主的能力、水平、经验却明显不足。面对家长的意见、建议,孩子的反应大多是拒绝,最多"选择性"接受。面对孩子的叛逆,我们不能简单评价对错,因为我们的看法不完全适合现代孩子的成长需要,也不见得能把握孩子的未来发展。我们能做的是以平等姿态跟他们一起坐下来,聊一聊。

叛逆,在思维方式上属于求异思维,是标新立异、希望引起别人注意的表现。一代人不了解下一代人,是事实,也是时代进步的象征。如果后一代将前一代复制,前一代是后一代的模板,今天就是二十年后、五十年后甚至一百年后的明天。这样的世界多么可怕,这样的人间没有意义。我们需要创新的思维、意识、实践,但是又不允许青春期孩子叛逆,不鼓励青春期孩子求异。那么,创新从何而起?发展从何而来?

面对孩子尤其青春期孩子的叛逆行为,教育工作者、家长既要有科学的态度,又要有合适的方法。

首先是尊重。我们要尊重孩子的基本权利,尤其要尊重孩子在人格、隐私、表达等方面的权利。这是教育的底线,也是教育的上线。将子女当作自己私人物品或财富的传统观念依然在作怪,"只要确实在为孩子着想,什么样的方法都可以使用"的认识在家长圈子里依然有市场。教育观念不转变,基本权利不保障,貌似温暖的教育,实则是伤害。

其次是交流。教师、家长都应该注重和孩子的沟通、交流,要选择科学的教育方法,极具耐心地进行教育。我们要蹲下身子,平等地和孩子对话;我们要放下架子,耐心、细心地倾听孩子的心声;我们要敞开心扉,接纳孩子在成长过程中的错误、失误;我们要拿出法子,明晰孩子成长的方向和途径;我们要登高望远,给孩子发展提供不竭动力与源泉。

在教育的道路上,我们不要抱怨孩子不听话,不听话也许就是又一个创新、发展的萌芽;我们不要放弃学习生活中遇到困难的孩子,孩子会在解决困难中学会坚强,顽强生长。

提升社会主义核心价值观教育质量的研究与思考
——基于合肥市 49262 份初中生问卷分析的调研

党的二十大报告明确要求,"用社会主义核心价值观铸魂育人,完善思想政治工作体系,推进大中小学思想政治教育一体化建设"。初中阶段是个体心理成长、性格形成、思想发展的关键时期,也是价值观培养的关键时期。价值观问题不仅会成为不利于学生成长的因素,导致校园问题、家庭问题的发生,甚至会影响国家、社会未来的发展。此次调研显示:合肥市初中阶段社会主义核心价值观教育总体情况良好,但学生在社会主义核心价值观理解和认同上存在不均衡现象。针对调查中暴露的教育薄弱点,调研组经研究提出教育优化、品质提升对策。

基本情况介绍

调研以问卷调查为主要方式,结合文献调查法、统计分析法等多种调研方法,旨在通过区域学情分析,科学审视目前合肥市社会主义核心价值观教育中存在的问题,指导辖区内学校、教师更有针对性地高质量开展社会主义核心价值观教育。

调研组采用曹格、石中英编制的《中小学生社会主义核心价值观教育问卷》。该问卷包括评分题、李克特量表题和开放式问题三个部分。评分题调查了学生对践行社会主义核心价值观社会环境的评价和对 12 个社会主义核心价值观的理解难度。李克特量表题对学生社会主义核心价值观的总体认知,在国家、社会、个人三个层面的认知,以及在认知与理解、情感与体验、意愿与行动三个维度的认同进行测量。

问卷在线发放给合肥市的所有初中学校,学校组织七、八年级学生在机房完成。调研组回收有效问卷49262份,并利用SPSS软件对数据进行了量化分析,形成数据分析报告。

调研结果:总体认同情况良好,但存在三个不均衡

数据分析报告显示,合肥市初中生社会主义核心价值观认同总体情况良好,在国家、社会、个人三个层面上的得分和在除"文明"之外的具体价值观上的得分均在3分以上,但不均衡现象较为明显,主要表现在三个方面。

层面的不均衡。总体描述性统计分析显示,国家层面和社会层面得分分别为3.696、3.797,均低于个人层面得分4.068。这表明合肥市初中生对与自己学习、生活较为贴近的个人层面社会主义核心价值观的认同度和理解度相对较高,但对国家、社会层面社会主义核心价值观理解度和认同度都有待提升。

在理解度方面,分析表明,对于合肥市初中生而言,国家层面和社会层面价值观的理解难度较高,30%以上的学生对"富强""民主""和谐""自由""平等""法治"的理解都存在困难。合肥市初中生对个人层面具体价值观的理解相对较好。

在认同度方面,分析表明,绝大多数学生在基础认知和社会主义核心价值观三个层面选择了"比较认同"和"非常认同",但在国家层面选择"非常认同"的占比较低,只有28.2%。值得注意的是,社会主义核心价值观认同总分布的数据显示,在基础认知和社会主义核心价值观三个层面都选择"非常认同"的学生很少,仅1246名,占比2.53%。

具体价值观的不均衡。总体描述性统计分析表明,学生对"文明""法治"的认同相对较低,其中"文明"的得分仅为2.024。维度认同的分析统计表明,学生在认知与理解、情感与体验两个维度对"文明""法治"的价值观认同度尤其低,其中合肥市初中生在情感与体验维度对

"文明"的认同度仅为1.708。

在践行社会主义核心价值观社会环境评价方面,合肥市初中生对践行"爱国"和"敬业"的社会环境评价较高,对践行"文明""平等""诚信"的社会环境评价则较低。这可能折射出初中生对社会中不文明现象比较敏感。

年级的不均衡。以年级为变量的数据分析表明,对社会主义核心价值观的总体认知和对国家、社会、个人三个层面的价值观认知均存在显著的年级差异,$p<0.05$,七年级得分显著高于八年级得分。除"文明""法治""爱国"外,在具体价值观的得分上,七年级均高于八年级。对认知与理解、情感与体验、意愿与行动三个维度的认同也存在极其显著的年级差异,$p<0.001$。在认知与理解维度上,八年级得分显著高于七年级得分;在情感与体验、意愿与行动维度上,七年级得分显著高于八年级得分。

主要原因:后现代文化的负面影响及价值观教育中存在的问题

本着"三问"态度,调研组从宏观、中观、微观三个层面就不均衡现象产生的原因进一步开展调研,宏观上通过文献梳理的方式研究网络时代文化特征,分析后现代文化对青少年价值观形成可能造成的影响,中观上对道德与法治、语文、历史各学科初中教学社会主义核心价值观教育的渗透情况进行研究和整理,微观上对辖区内学校的社会主义核心价值观教育实施情况进行走访调研。不均衡现象产生的原因主要有以下三个方面:

一是后现代文化大叙事流散影响人们对超越性的追求。大叙事指增强现代国家凝聚力的整套系统,包括思想上的理性,意识形态上的国家、民族,经济上的社会生产和进步,等等。在文献梳理中,一些研究者认为,后现代社会是建立在"资料库"的基础上,"资料库"并没有所谓的中心,只是取悦人们的"萌要素"的汇集,"萌要素"的组合形成拟像，满足人们对小故事的消费。这种资料库模型的后现代社会容易使人们失去对超越性的追求，沦为只满足于生存的资料库动物，而网络的超平面性会导致多重人格危机的出现。作为网络社会的原生居民，00后学生在思维、行为上受基于网络的后现代文化影响较深。

二是学校开展相关教育活动具有偶发性、不稳定性。目前，多数学校、班级习惯于以一次班会学习、一次讲座、一场研学游的形式来展开社会主义核心价值观教育，缺乏系统性和持续性。教师在学科教学中对社会主义核心价值观教育的融入意识不强，更关注具体学科知识的讲授。

造成社会主义核心价值观教育缺乏系统性的原因，主要是学校、教师在开展社会主义核心价值观教育时缺少指导和抓手。首先，项目组在文献整理中发现虽然国家审定教材较为重视对社会主义核心价值观的融入，但作为全国统一的学科教材，国家审定教材在进行社会主义核心价值观教育时的针对性、系统性不够，与地方文化、社区资源的结合度不高。其次，虽然市面上有一些专题性读本资源，但总体而言质量不高。社会主义核心价值观教育作为一种跨学科的主题教育，目前已有的资源多专注于道德与法治单学科领域，对跨学科资源的开发不足；侧重知、行，注重概念阐述和行为准则的描述，缺少情、意层面的认同教育和熏陶；表现形式单一，缺少对新形式和新手段的应用，难以激发青少年兴趣。最后，高质量的社会主义核心价值观教育应结合地方文化、社区资源进行开展，但合肥市在校本和地方资源的开发与应用不够，缺乏体系化的教育资源和系统性的价值观教育指导。

三是新的教育理念融入不足，教学方式缺少创新。在知识本位的教育形势下，教师以"教书"为主，"育人"为次，在教学中更加关注知识层面教学，相对忽视价值观教育。不少学校、教师即使开展社会主义核心价值观教育，也多把价值观作为单向道的灌输，不仅缺少对学生价值理性的关照，把学生当成被灌输的容器，也缺少对自身在教学中的主体性认识，把自己当作传输工具，导致教学方式呆板单一，以说教为主,缺少思辨性,使价值观教育难以入脑入心。

解决对策:四条途径落实社会主义核心价值观教育质量提升

提高教育共情、更新教育观念、加强区域统筹、创新方式方法是解决社会主义核心价值观认知不均衡问题、优化提升社会主义核心价值观教育的有效途径。

一要强化意识,坚持综合育才观,提升教育共情力。教育本质不是传授知识,而是唤醒灵魂。面对网络时代复杂多变的社会、文化环境,教育工作者要坚持综合育才观,要有开展社会主义核心价值观教育的紧迫感和主动意识,在校园文化、学科教学、实践活动中自觉渗入社会主义核心价值观教育。教育是通过一朵云去推动另一朵云,一棵树去摇晃另一棵树,教师自己缺少认同感、使命感,就无法感染学生,自然无法实施高质量的价值观教育。

教师要有主体意识,改变被动施教的心态,提升自身素养和能力,加深对社会主义核心价值观内涵的认识,提高对社会主义核心价值观的认同,才能对社会主义核心价值观教育有更深次的理解和把握,增强对社会主义核心价值观教育目标、教学内容的共情力。意识形态上,要警惕多元价值理论,培养学生的政治认同,厚植家国情怀,坚定共产主义远大理想和中国特色社会主义共同理想,坚持"四个自信"。思想文化上,要警惕后现代文化背景下大叙事流散、对超越性追求的丧失和网络超平面性导致的多重人格危机,在教育教学中弘扬中国优秀传统文化、革命文化、社会主义先进文化。

二要更新理念,关照价值理性,以文化自信促进价值认同。单向道的灌输式教学导致价值观教育的呆板、封闭。价值观教育是培根铸魂的教育,也是启智增慧的教育。教育工作者要正确认识当前初中生思维活跃、个性张扬的现状,真实面对学生,尊重学生身心发展规律,尊重教育的基本规律,了解学生因社会生活变化而带来的道德认知和人生观、世界观、价值观变化的需求,让社会主义核心价值观培育工作真正切合学生的内在动机与需要,关照价值理性,注重价值观建构过程,用符合学生年龄段特点的方式开展价值观教育。学生只有在开阔的文化视野中,才能产生真正的文化自信,认同、践行和弘扬社会主义核心价值观。

三要区域统筹,加强研究和指导,提升系统性和针对性。系统性、针对性是实施社会主义核心价值观教育的应有之义。这不仅意味着系统性目标体系的设定、监督管理和评价的完善,还意味着一体化课程设计,体系化资源开发、活动策划,科学精准的区域学情分析,强大的地方资源整合能力,等等。区域统筹能够有效加强区域内社会主义核心价值观主题教育研究和指导。

组织一个团队,指导一所学校,开发一套资源,实践一种范式,是区域统筹落到实处的具体举措。首先,组织多学科专家、多主体参与的教研团队,完成区域社会主义核心价值观主题教育的顶层设计,进行学情分析,在语、数、英等各门学科教学中深挖资源,将社会主义核心价值观的内容和要求细化落实到学科课程的德育目标中,让价值观教育与学科教学"互构",将积极的情感、态度、价值观自然融入全学科课堂教学的全过程,常态推进,不断提高全体学生的认知认同。其次,学校是社会主义核心价值观教育的主阵地,教育主管部门要指导学校结合社区资源、学校特色,系统开展社会主义核心价值观主题教育教学活动,让社会主义核心价值观教育成为所有学校的共识与共育。再次,针对性、体系化的教育资源是学校、教师高质量开展社会主义核心价值观教育的主要抓手。结合区域学情、地方特色,以区域统筹方式开发一套可推广的价值观主题教育资源,是社会主义核心价值观教育实现落地的关键。最后,在实践的基础上积极探索社会主义核心价值观教育的实践路径、实现方式,总结凝练区域开展适合市情、切合校情、适应生情的社会主义核心价值观教育的经典范式。

四要与时俱进,创新教育教学方式,积极运用新技术手段。基于网络传播的后现代文化转型不可避免,引发了学习理念、教学方式、文化载体、内容呈现、思维方式、传播模式等方面的一系列变化。社会主义核心价值观教育应与时俱进,积极吸收和借鉴关联主义的学习观、后现代课程理论,在教育方法上主动探索思辨性教学、跨学科教学、混合式教学、主题式教学等多种教育教学方式。教育应用上,尊重传播模式、知识形态和接受方式的变化,顺应节点式分布的知识存在状态,借助信息技术手段创新资源的呈现形式和使用方式,充分利用数字化给教育带来的新机遇,采用适宜的网络化、碎片化学习方式,是网络时代背景下开展社会主义核心价值观教育的应有之义。

随着社会主义核心价值观教育的不断深化,社会主义核心价值观教育呈现出宏观与微观互动、整体与专题互联、理论与实践互通的崭新发展趋势,更重视落地实施。在教育实施中,我们既要认识到社会主义核心价值观教育的普遍性和重要性,深入了解社会主义核心价值观内涵,认识到开展社会主义核心价值观教育的紧迫性,也要关注在不同时代、地域、学情的条件下进行社会主义核心价值观教育的特殊性,更新教育观念,创新教学方式,才能够实现合肥市社会主义核心价值观教育的形式更优化,品质更提升。

从小乖,长大"呆"

幼时,经常听妈妈说"从小乖,长大呆",我当时并不理解其中内涵,现在回想起来,觉得有一定道理。

传统的育儿观念一般以"听话"作为基本教育原则和衡量标尺,听话的孩子就是好孩子,顺从的孩子就是乖孩子。众口铄金,长此以往,大家形成共识,对乖孩子总会赞不绝口,对顽皮的孩子总会指责批评。这也是不少家庭的惯常做法。

岁月更迭,时空变迁。过了知天命之年的我,有了一定的生活经历、生命体验、生存历练,从中获取了不一样的感悟,逐渐对约定俗成的话语有了自己的思考与解读。

"从小乖,长大呆",小时候乖巧、听话的孩子,长大之后可能会缺乏主见,后劲不足。

"从小乖"不能成为儿时的常态、少年的定势。

好孩子的标准不应该被定位在乖孩子上,至少不能以此作为唯一标准。

我们要科学认识、理解"不乖"。"乖"固然是指听话、懂规矩,而"不乖"并不代表一定不讲规矩、不讲礼仪、不守规则。"乖",未必是好孩子的标配;"不乖",也不是"坏孩子"特有的。孩子应该有表达不同意见和意愿的权利。自由与约束、权利与义务是一枚硬币的两面,是对立统一的矛盾体,相互依存。一方的存在以另一方的存在为前提,在一定的条件下相互转化。不讲纪律的自由,不讲规矩的"不乖",应该受到惩处。我们要培养有个性、"不乖"的孩子,首先要培养孩子的规则意识、法律观念,不能以简单的"不乖"为培养目标。其次,在规矩、法律允许范围内的"不乖"一定要得到尊重与保护。不要因为观点不同,价值取向有冲突,我们就判断孩子的认识是不正确的。对于孩子幼年时期的行为我们不能只看表面现象。与那些"不乖"的具体行为相比,未来发展需要的才能或者品格,往往更为重要。

  我们要理性判断,容忍"不乖"。青少年,尤其是处于青春期的花季少年有"不乖"的行为,属于正常现象。我们不能把孩子的主见、独立、思考、个性统称为"逆反""叛逆"。"横看成岭侧成峰,远近高低各不同",不同的行为主体、不一样的观察视角、有差异的价值取向、不同的知识背景、不一样的认知水平都会导致对同一个事物的理解、认识、价值判断不一样。"60后""70后""80后"的教师、父母怎么能和一个"00后"的孩子观点完全一致?为什么一定要孩子全盘接受我们的观点、看法?这种成长的"拔河",需要成年人耐心静观,潜下心来听听孩子的心声,俯下身子与孩子平等地交流。

  有尺度的包容是培养全面而有个性发展的孩子的前提。

怎样让学生"人来疯"

2021年5月24日至28日,"基于学科核心素养的大单元教学"合肥市普通高中新课程新教材实施国家级示范区建设区域教研周活动成功举办。12个学科24节市级示范课、省级观摩课、全国研讨课通过教研网直播,点击直播人次达6.69万。市教育局科学策划,高中学校鼎力支持,执教教师精心准备,备课团队创新设计,高一学生积极参与,展现一个个精彩瞬间,呈现一堂堂好课。设计亮点、优点频闪,巧妙、精妙的构思频出,集中展示了示范区建设10个月以来课堂教学改革上的丰硕成果。无论是目标导向下的实践,还是问题驱使下的探究,既有较为成功的实践案例,也有较为丰厚的理性经验,为示范区建设往高处走、往深处走、往远处走奠定了较好基础。

6月4日下午,活动周总结会在合肥市第六中学召开。24位执教教师、24位学科备课组长、教科院全体高中学科教研员以及县市教研室主任,合肥市第一中学、合肥市第六中学、合肥市第八中学、合肥一六八中学、安徽省肥西农兴中学等校的分管校长参加会议。一周时间,我听了18节课,一直在思考、回味、总结,高兴之余难免有意犹未尽的感觉,静静想想还会有不解其馋的需求,有一个遗憾始终萦绕在心头。课堂上,学生为何始终没有出现"人来疯"的状态?这不是鸡蛋里面挑骨头。"画到生时是熟时""疑难之处长进处",不失为一种好的教学境界,更是实现传统课堂教学突破的别样追求。

我一直不太喜欢平庸的说教,不太赞同简单预设的完成。一潭死水的课堂会让听课者窒息,也一样不会让学生好受。我还是希望师生在共同参与的课堂上"出彩",而且能够出"异彩"。这里的"彩",不仅是设计的精彩、形式的多彩,也是学生的风采。课堂不能缺少学生的积极参与,必须要有学生的奇思妙想,才能给人余音绕梁的感觉。我从学校出来,从一线走来,不是纯粹的理想主义者,也不是幻想的完美主义者,知道"理想很丰满,现实很骨感"。一堂课下来之后,执教者最有发言权,而听课者往往拥有实际话语权。听课者对一堂课提建议,往往被认为是"站着说话不腰疼"。此时此刻,我就是那个"站着说话不腰疼"者。

一堂公开课下来,执教教师、听课教师也许会抱怨学生不配合、不主动、不积极,认为公开课导致学生紧张。但是,我们不妨让我们回想一下平时的课堂。平时,学生是不是学习的主人?能不能积极参与,主动思考?敢不敢大胆质疑?如果答案是肯定的,无可厚非,值得称赞;如果不是,教师应该反思,积极改进。

任何果必有因在前,任何成必有功在前。唯有平时课堂上训练有素、心里有数、口中有话、手中有法、脚下有路的学生,才能做到平时看得出,关键时站得出,有话时说得出,需要时豁得出。这就是教育工作者印象中的"人来疯"。课堂教学中的"人来疯",肯定不是有序课堂上的无理取闹,不是回答问题时的不着边际,不是小心论证中的无稽之谈,不是价值提问中的胡言乱语。"人来疯"的学生应该是心有疑问敢提,独特思路敢说,奇思妙想敢做,直奔有价值的问题。

课堂是学生接受教育的主战场,公开课上学生的表现一定有学生平时课堂表现的影子。学生的胆量培养、智慧历练、缜密训练,主要依靠平时课堂。如果在常态化课堂上,教师完全是死板地进行程序化、套路式教学,不能、不愿也不敢越雷池半步,那么,表面的"流畅"就是形式的花架,有其名而无其实。在课堂合作中,小组成员没有明确的任务分工,只是换一种方式的"独立自主",实质还是各自为政。没有深度交流,更谈不上思维的碰撞,何来头脑风暴?如果课堂的提问只是教师假借学生之口说出自己想说的话语,学生没有表达自己真实想法的机会,那么"作秀式"的提问只会换来学生"肤浅化"的解答。如果我们的课堂能够给学生表达自己观点哪怕是错误观点的真实机会,学生获得的就不仅是正确答案,还会获取乐于思考、创新思维、勇于表达的信心与斗志。

长期以来,教师将课前的教学预设视为课堂教学的"法律",遵循着有"法"可依、有"法"必依。教师在课堂上,一方面捍卫教学预设的权威,一方面建立课堂教学的霸权。这样的课堂教学对于学习自觉性不高的学生来说也许是有一定帮助的。但如果从激活学生思维、启迪学生智慧、培养学生学习兴趣来说,这无疑是有伤害的。教师不给学生真实发言机会、表达自己想法的时间,尤其不给经常有奇思妙想的学生发言机会,会造成课堂上的"塞里格曼效应",学生会慢慢习惯于听从,顺从。被动地听、无主动地学,会使学生容易开小差,注意力难集中,学习效果差。以后,学生到了课堂上就会无精打采,兴奋不起来,更"疯"不起来。

学生的自信心一定是在日积月累的成功体验中树立的,学生的主动性一定是在教师持之以恒的鼓励中形成的,学生的"人来疯"一定是在容许尝试、容忍出错的过程中练就的。在积极主动的学与做中,学生才能愉快成长与成熟。

课堂教学中,学生的酣畅参与比教师单方面感觉舒畅更重要,学生的体验感悟比教师的单方面传授灌输更重要。鼓励学生大胆尝试,引导学生创新求异,允许学生偶尔犯错,宽容学生一错再错,教导学生自信表达,学生一定会想"疯",能"疯",会"疯"。

此文发表于《合肥教育》2022年第1期

作业要将学生"扶起来"

义务教育阶段学生作业问题已成为热议话题,是社会普遍关注的焦点,教育主管部门关切的重点,还是社会、家庭、学校以及教师、学生似乎跳不出去的"怪圈"。有关减负的文件接连下发,减负招数不停更新,但是学生的作业负担过重现象依旧不少,作业的"围城"现象依然存在。2018年12月,教育部等九部门印发《中小学生减负措施》。2021年,教育部办公厅发布了《关于加强义务教育学校作业管理的通知》。2021年5月21日,中央全面深化改革委员会第19次会议审议通过《关于进一步减轻义务教育阶段学生作业负担和校外培训负担的意见》(以下简称《意见》);7月19日,中办发〔2021〕40号文件正式下发《意见》。2021年8月30日,教育部办公厅发布《关于加强义务教育学校考试管理的通知》。接连下发的文件既说明减负迫在眉睫,又表现出国家对最新一轮减负成效的期待和决心。

作业是学校教育教学工作的重要环节,是课堂教学活动的必要补充。科学合理有效的作业,可以帮助学生巩固知识,提升能力,培养习惯;帮助教师检测教学效果,精准分析学情,改进教学方法。作业是学生必须承担的任务,是学生学着担当社会职责的必要载体,是学业进步的阶梯,应该极富内涵、形式灵活,具有独特的育人功能与作用。中小学生接受教育,要通过作业来复习巩固,加深理解,促进消化。学生在作业的日积月累中得以进步与发展。"书山有路勤为径,学海无涯苦作舟",简单明了却又意味深长地道出了作为学子应该有的学习态度与刻苦精神。

原本美好的作业设计愿景,辅之以必要的作业流程关注、学习过程生成、学习结果品味,可以让学生不断体会到学习的快乐。但不知道从什么时候开始,作业慢慢演变成为影响学生睡眠、损害学生身心健康、折磨学生生活、挫败学生信心的"罪魁祸首"。作业如果会说话的话,它一定非常委屈地说:"这一定不是我的错。"作业作为一种必要的学习手段,本身不具有伤害性。用简单的思维、片面的理解、粗暴的方式,通过减少学生作业数量减轻学生过重的课业负担,不能提升教育教学质量与育人品质。让家长看得见成效,让学生感觉到实效,更是不可能。

《意见》在要求"全面压减作业总量"之前,特意强调了"要深化教育教学改革,提升课堂教学质量,优化教学方式",可见,"双减"是有前置条件的,一定是在尊重教育规律和学生认知规律前提下实施的。如果不从学生实际出发,不考虑学生身心承受能力,不在作业内容、形式上动真格,不在学生作业之后的指导上下功夫,只简单强调"减",一定收效甚微。减负提效应该要抓住作业流程上的五个关键节点,即作业设计、作业完成、作业分析、作业指导、作业改进。

作业不仅是纳入中考、高考文化课的书面作业与试卷,每天坚持1小时锻炼、确保每天基本睡眠、吃好注重营养的每餐、练就体艺"2+1"技能等要求都应该是学生作业的主要内容。过重文化课课业负担一定要减,体育锻炼、保障睡眠、作息规律的作业不仅不能减,而且要千方百计地确保加进去。简单化、浅层次看待学生过重的课业负担,用简单的不留作业、单纯的时间限制等方式一减了之,一定难以达到减负提效的预期目标。

对于学有余力的学生,教师可以不布置一般化作业,甚至可以请他们担任小先生,为全班甚至全年级同学讲解题目。为了做好5道题的班级讲解、年级巡讲,学生可能会主动寻找10道、20道甚至更多的题来做,在反复比较之后慎重选择。看似不起眼的5道题,可能会激发学生的学习自信心和主动性。

作业不能做了就"了",学生的作业做完了,上交了,教师可以通过机阅、面批等多种方式批阅,理应进行全批全改;积极尝试运用信息化手段获取学生作业数据;对学生作业情况进行全方位精准诊断与多维度科学分析,制作较为系统完整的学情档案或成长记录档案。作业分析可以有若干个维度:以学科为维度,分单元、目标、题型、知识模块、具体知识点进行梳理分析;以时间为维度,建构学生德智体美劳等综合素质评价标准,将学生学习过程与结果、态度与方法统整起来;以特长发展为维度,利用多元智能理论,为学生兴趣、特长发展提供参考依据、发展指导。多维度的作业分析形成包括结果评价、过程评价、增值评价、综合评价等在内的目标多元、方法多样的作业评价体系。

一个问题的解决,要尊重问题的客观存在,梳理问题表现,弄清问题原因,思考解决对策,制订解决预案,理性分析对策,推进深度实践。教育上的问题也一样,作业问题更是这样。学生作业负担问题的解决是一项系统工程,一定要依靠社会、家庭、学校、培训机构等多个主体的协同用力。作业是由教师布置的,但完成的主体一定是学生,需要学生意愿与实践的联合。高效作业是学生自主完成的过程与认真仔细的作业态度的结合,也是学生自我纠错与自觉改进的融合。作业做对了,学生有奋斗进取、更上一层楼的信心;作业做错了,学生能够正确对待,具有迎难而上、知错就改、经得起挫折的心态。学生要想将作业做对,就要养成认真、严谨、细致的态度,就必须将知识的理解、原理的消化、实际的应用有机结合起来,做到活学与活用的完美统一。

我们不能将做作业的过程变成让学生一味尝错的过程,要让学生在作业中获得自信心;也不能将做作业的过程变成要求学生循规蹈矩的过程,要让学生学会创新,懂得挑战,享受成功。面对学生的作业,教师不能一布了之,需要精雕细琢。作业的内容上可以精挑细选,精益求精,不以多少分优劣。学生喜欢的作业,多一点未尝不可。作业的形式上可以丰富多彩、灵活多样,但不能以花哨论优劣。对于喜欢的形式,学生"苦"一些也会乐在其中。面对不同的学生群体,教师可以布置分层的作业;面对学生不一样的需求,教师可以布置个性化的作业。

很多教师、同学都在利用传统方式或者信息化手段收集错题,但收集之后的处理与再利用却没有跟上,导致错题集使用效率并不高。错题收集之后,教师应指导学生对错题进行分类,对错因进行分析,学生要知错,并且能够改错。纠错的过程细致,错题收集才能起到应有的作用。如果学生能够做到举一反三、触类旁通,那就是错题收集的理想境界了。为了激发学生纠错的积极性,教师可以对错题进行再利用,尝试在期中、期末考试中加入易错题,并保证易错题在整个卷面中占有一定比例。学生会更加关注错题,慢慢地养成自己找错、自觉纠错的习惯。

作业、考试的初衷不是要把学生做倒下,考趴下,是要将每一个学生扶起来,让他们自信地站起来,勇敢地走下去,坚定地跑起来。

教育的
微 思

教"好学生"与"教好"学生

老百姓有选择优质教育的意愿与权利,古有孟母三迁,今有择校热、学区房,现象相似,本质相同,都是对优质教育资源的需求与选择。人们对教育的要求越来越多,教育的内容越来越全,教育的层次越来越高,教育的品质越来越精。对教育的需求已经从"有学上""好上学"变为"上好学"。学生不仅要学业成绩好,还要德智体美劳全面发展。

学校之间的生源是有差距的,不是所有学校、教师都有机会教"好学生",但是所有学校、教师都应有"教好"学生的职责,"教好"学生是学校、教师的神圣使命。

教"好学生"与"教好"学生,断句不同,内涵大相径庭,意义相差甚远。"好学生"的标准是什么?"好"的内涵非常丰富,难以一一列举,但是有一点是确定的,不能只是文化课的考试成绩好,应是包括体质、习惯、心态、品德等在内的综合素质好。

能不能够教"好学生"是次要的,"好学生"与"一般的学生"在入学之后,都是我们的教育对象。我们的教育应该努力实现全纳教育,做到有教无类,因材施教,实现学有所教。做到"教好"学生,直至教好每一个学生才是教育的关键,让每一个学生在未来都能够得到持续强劲的发展,才是优质教育的实质与核心。

有的教师只会教"好学生",甚至只能教"好学生",教"听话"学生,教"乖"学生,教循规蹈矩的学生。部分教师的眼中只有学生的学业成绩、少数科目的考试成绩、文化课考试成绩好的学生。学生成绩提升了,是因为教之有方;学生成绩下滑了,是因为学之有殆。学生学习上出现了障碍,有困难,教师却不会对症下药,从某种意义上来说,这些教师只教书,却忽略了育人。在教学过程中不容偶尔犯错误的学生,不懂学生,这样的教师只教考试,却忽略了教育。眼中只有成绩与分数,心里没有活生生的人,这样的教师教学生学知识,却忽略学生习得知识的过程与方法,忽略了学生的个性、心理和情感。

教师不仅要将"好学生"教得更好,也要将每一个学生教好,要把目前发展一般的学生教好,更要教好成长中遇到困难的学生。因为他们更需要有优秀教师的帮助和引导。我一直坚持这样的主张:爱自己的孩子是本能,爱别人的孩子是神圣;爱资优的孩子是本能,爱"有问题"的孩子是神圣。一个教师是不是具有教育的真爱、博爱与大智慧,就是看他能不能真心实意地爱在学习上、生活上、成长中有困难、有问题的孩子,并且给予暖心的帮助、真切的关心、精准的指导,让孩子具有面对困难的勇气、克服困难的信心、战胜困难的智慧。

让每一个孩子在我们的教育下均能享受成长的快乐、战胜困难的幸福、持续发展的乐趣,这才是教育人应尽的职责。

帮孩子养成受益终身的好习惯

栽种思想,成就行为;栽种行为,成就习惯;栽种习惯,成就性格;栽种性格,成就命运。习惯对于人生的价值与意义可见一斑,好习惯是受益终身的教育成果,也是每个人核心竞争力、关键发展力的源泉。

当教师的希望桃李满园,做父母的都望子成龙,有一个受益终身的好习惯是未来发展的关键。要养成良好的习惯,离不开潜移默化的熏陶与坚持不懈的实践。唠唠叨叨的说教、不择不休的强制只会起反作用。

熏陶,是习惯养成的第一要义。教师为人师表,父母言传身教,社会风清弊绝,为未成年人创造良好的社会环境与教育氛围,让孩子在良好氛围的熏陶中健康成长。家长采用双重标准,把家里整理得井井有条,打扫得干净整洁,在外面却乱扔垃圾,包装袋随手就扔向车窗外;在熟悉的人面前,彬彬有礼,温文尔雅,但在陌生的环境里不能慎独,甚至行为丑陋、语言污秽;口口声声要求孩子言而有信,自己却经常失言;要求孩子有时间观念,自己却经常迟到。这样的家长又怎么说服孩子养成良好习惯,帮助孩子塑造优秀人格?如果课堂上教师漫无边际地乱扯,无原则拖堂,教学缺少质量和效率,又怎样能要求学生遵守纪律,勤于思考,集中注意力,有时间观念?坏习惯的养成,责任不一定都在孩子,部分原因在家长、在教师、在社会。

实践,是习惯养成的另一要义。陶行知先生认为,生活即教育,社会即学校,教学做合一。王阳明提出了著名的"知行合一"理论,"未有知而不行者,知而不行,只是未知"。不仅要认识"知",更应当"以"行实践"知",只有把"知"、行统一起来,才称得上"善"。也就是说,你明白了一个道理,就应去付诸实践。实践验证这个道理,那"知"就是真知。若实践与道理相悖,那"知"就不是真知。好习惯不是教师说教说出来的,也不是家长强迫逼出来的,更不是随着人的长大自然而然形成的,而是在实践中慢慢修炼而成的。教师、家长要为孩子好习惯的养成搭建平台,提供机会,让他们在游泳中学会游泳,在艰难险阻中学会坚强,在问题解决中学会成长。我们还要给予孩子具体指导。例如,培养孩子时间观念,就要提醒孩子凡事要提前、充分准备,要培养孩子在规定时间里完成规定任务。小学阶段,我们要培养孩子计时完成任务、作业的习惯,并且奖惩分明,严格执行到位。

好习惯是在长时间的不断重复练习中慢慢养成的,也需要合理的惩戒、处罚来保障。唯有持续不断的熏陶、坚持不懈的实践,方能帮助孩子养成受益终身的好习惯。

教育不能急功近利

有一线教育教学实践的教师、教育工作者,大多有这样的体会和感悟:沉下心来的研究不是可有可无的佩饰,潜下心来的实践不是雾里看花的虚幻,静下心来的思考不是为赋新词强说愁的花哨。这些是教师专业化成长的基础,是教育教学成果形成的前提,更是教育教学品质提升的必要条件。在教育上,急功近利的人,等不到花开的季节;浮而不实的人,得不到秋天的收获;目光短浅的人,看不到未来的美好。

现实中,很多家长为孩子报兴趣班,不是因为孩子的兴趣特质和身心发展需要,而是关注初中学校看中什么才艺特长,高中学校特长生、自主招生的需求。这些家长不是从实实在在的人——自己孩子的需要出发,而是从自己的期望、升学目标出发,从短期内的成效出发。殊不知,家长一味下猛药,虽然短期内见效显著,但副作用也大,药效也短。

病人到医院就医,医生会给他做专门的检查,才能下比较全面和实在的诊断。不问病人情况,不知病人需要,医生不敢给病人开药。家长、教师在教育孩子之前,不妨也来一次全面的体检与诊断,倾听孩子的心声,细细观察孩子的表现,真诚尊重孩子的选择。真正懂得教育对象的兴趣爱好、性格特征、发展需求,使得我们的教育目标与教育手段更切合实际,教育方式更适合孩子个体要求。对于一些特殊学生和有"疑难杂症"的学生,我们不妨来一次专家会诊,综合各位专家的意见与未来发展判断,结合学生实际需要与发展潜质,给学生提供科学的意见与建议,并进行研究跟踪,在成长中不断矫正学生的行为,不断激发学生不懈前行的动力。多积累教学案例,多思考教育难题,教师教育教学能力才能提升。

　　教师固然需要树立威信,但是权威并非霸道独断、蛮横专制,否则将会失去威信。教学是一场师生彼此互动、心灵交汇的实践过程,需要知己知彼,方能百战不殆。教师读懂学生,就要全面了解学生的知识积淀、能力水平、性格特点、兴趣爱好、发展需求、心理变化。一个被学生无比信任的教师,他的教育效果一定是理想的。对教师的良苦用心、教学上的要求,学生现在未必都懂,但总有一天一定会恍然大悟。在教育上,登高望远的人,方能一览众山;脚踏实地的人,方能走得更远;仰望天空的人,方知天空阔大。

教育人的眼光和境界

　　说教育,不能不说眼光;讲眼光,不能没有境界。眼光与境界二者是密不可分的。"眼光"在《现代汉语词典》中有"观察鉴别事物的能力、眼力"的解释。"境界"在《现代汉语词典》中有"事物所达到的程度或表现的情况"的解释。眼光是境界的前提与基础,境界是眼光的成果与表现。一些学校、教师、家长之所以在教育上存在不放心、不放手、放不开等现象,表征上是教育理念落后、教育手段僵化,本质上是教育眼光与教育境界的问题。

　　教育不是一朝一夕的事情,不是只存在学校和家庭中,它贯穿人的一生,无所不在。因为个体不同,境遇不一,每个人的发展历程也不同。有的人天资聪颖,早期就显示出与众不同的禀赋;有的人经过一定的人生阅历,才最终选定自己的方向;有的人虽然资质平凡,但咬定青山不放松,经过长时间拼搏终有所获;有的人经过人生低谷,有过重大挫折,但幡然醒悟后依然实现了人生的价值。教育历程是知识与能力、过程与方法、情感态度与价值观不断累积、更新的变化过程,昨天是今天发展的基础,今天是明天发展的基础。在不同阶段,教育的具体目的不同方法与手段也有差异,但是所有教育的最终指向是一致的,就是致力于人的终身发展。从幼儿教育到小学、初中阶段的义务教育,到普通高中、职业高中的中等教育,再到全日制高等教育,以至成人教育、社会教育,都服从于、服务于人的发展,促进人的快乐、和谐、全面、科学发展。

　　教育人应该艺高人胆大,要有高屋建瓴、登高望远的眼光,要有"欲穷千里目,更上一层楼"的业务进取心,才能有"望尽天涯路"的高远境界。当我们有长远的教育眼光、崇高的教育境界、伟大的教育理想、优秀的教育手段、科学的教育方法、完善的教育体制时,教育的明天才会更加美好。

讲规矩会吃亏吗

教育的重要性毋庸置疑,教育被关注的程度前所未有。伴随而生的是社会对教育质量的担忧:优质教育资源满足不了社会需要,沉重的课业负担损害学生身心健康,等等。教育,尤其是基础教育如何发展,如何进一步提高质量与品质?实践层面上却始终存在着规范办学行为与提高升学率之间的矛盾。你搞社团活动、社会实践,就会有人站出来说:"这些能提高教学质量,能当饭吃?"你搞教育科研,就会有人站出来说:"你能不能来点实在的,这些虚的、假大空的东西能提高教学质量?"你搞办学行为规范,开足开齐课程,就会有人站出来说:"生物学、地理不是中考科目,占用学生时间,做无用功,就是浪费学生生命,你负责得起?"你搞精减作业数量,提高作业质量,确保学生睡眠时间,就会有人站出来说:"成绩下降了你能负责?"你搞激发学生学习内驱力,积极实施愉快教育,就会有人站出来说:"唯有流血的手指,方能弹出绝世的乐章。"难道我们的基础教育就必须以损害学生身心健康为代价?我认为不是,以往不是,现在更不应该是,以后也一定不会是。

人类在向文明迈进的过程中,成功与失败并存,成就与平庸共在,在曲折中前进,在盘旋中上升。在这个历程中,人类为了追求短期效益,付出过沉重的代价,隔三岔五的雾霾就是大自然送给我们惩罚性的"礼物"。人们已经不再要没有蓝天白云的GDP,已经学会克制为急着赶路闯红灯的冲动,已经越来越少只顾自己方便而乱扔垃圾,已经深刻认识:如果自由是想干什么就干什么,想说什么就说什么,这种自由迟早会被剥夺。

讲规矩才能成方圆,教育也一样。也许放眼长远、遵循规律有时会让我们产生"云深不知处"的迷茫,会让学校在考核上"吃点亏",但讲规矩的教育不会让学生成长吃亏。急功近利可能会有短期效果,但更可能导致教育的高开低走。我们越尊重学生身心发展规律,越能走远走顺;越尊重教育发展规律,越能走好走美;越是登高望远,越能事半功倍。教育越是想往高处走、往远处行,越需要大视野、大境界。大视野的背后是高认知,大境界的背后是高涵养。做遵守规矩的模范,成质量提升的示范。

学会给教育"会诊"

教师在实际教育教学工作中,会遇到各种教育上的"疑难杂症"。现在基础教育阶段的学生全是"00后",他们知识丰富,思维活跃,接受能力强,意识观念新,有个性、有主见,潜力无限,善于挑战现状,乐于遐想未来,经常自觉或不自觉地给教师、家长出"难题",惹"麻烦"。教师、家长的精心计划永远赶不上学生的变化;教师、家长经常被他们莫名其妙的行为所"雷"。教与学、教与育的矛盾不断滋生、升级直至尖锐化,给双方带来无尽的烦恼与苦闷。当下,如若教师、家长依然一味地用传统的方式教育新时代学生,指责有余,指导不足,必然造成教者痛苦、学者痛楚的局面。学生的郁闷与痛楚与日俱增,"叛逆"的行为时常发生,"冲突"也就成为教育过程中难以跨越的"鸿沟"。

教育是最需要创新的事业,而教育又是最容易让人固步自封的事业。孩子成长的社会环境和时代,跟我们接受教育的时代相去甚远,他们的疑惑、思维方式、面临的问题可能都是我们未曾遇到过的。促进其成长的因子、诱发其生长的源泉、导致"疑难杂症"滋生的原因,也跟当下的时代有着密切关系。而我们的教育理念与教育方式、手段却往往因循守旧、墨守成规。我们在解决教育中遇到的问题时,不考虑它产生的年代,不管何态,不问何因,期待用一剂良方包治百病,放之四海而皆准,必然会挫败。一个年级一千余名学生,作业是同样的,作业要求是一样的。用学生晚上什么时候能够完成作业、考试分数来评判学生学业成绩好与坏,既是对现行基础教育效果的滑稽定论,也是对我们教育手段方式单一化最无情的嘲讽。

郑板桥说"画到生时是熟时",我说"疑难之处长进处"。名医是治疗疑难杂症的专家,医治有奇招,对症显疗效,才能够救死扶伤,妙手回春。教书育人的行家也应该因材施教,在教学上有策略,在育人上有路径,讲究厚积薄发、集腋成裘。面对习以为常、司空见惯的教育问题,我们不是漠然置之,而是既要有思想准备,又要有能力准备,更要有行动准备。遇到超出自己能力范围解决不了的问题,亦可以寻求专家帮助,将问题表现、疑似原因、基本判断和已经采取的措施、过程及目前状况等情况,告诉参与会诊的同伴、专家。在合作沟通的过程中,智慧能够点亮智慧。会诊之前,我们应该尽可能多地全面了解"问题学生",了解孩子的成长环境、受教育背景、家庭的教育方式和学校的教育手段。孩子真实全面的表现,既有需要改进的缺点与不足,也必定有不同于其他孩子的潜质与优点。孩子拥有纯真却又鬼灵精怪的内心世界,唯有懂孩子、贴近孩子的心灵,我们才能真正打动孩子,感染孩子,影响孩子。懂学生,识学生,才能提升学生;相信学生,依靠学生,才能真正激发学生的潜能,实现真正的全人教育。

不懂电竞游戏的成年人,永远走不进沉迷游戏的孩子内心。走不进孩子的内心,教育只能是事倍功半,甚至徒劳无功,适得其反,徒增学生青春期的逆反心理,加剧师生之间、父母子女之间的矛盾与冲突,把良好的愿望逐步逼进死胡同。家长和教师不懂孩子的时候,有意识地"不管不问"孩子,让他撞南墙,让他在试错和受挫中经历成长。这未尝不是好事,未必不是幸事。

良好的教育手段与方式,就像是医生给患者开药方,要对症下药。患者遵照医嘱按时按量服药,良药通过患者的自我消化,药性慢慢起作用,才能发挥治病、医病的实效。

此文发表于《内蒙古教育》2020年12月

别让"以生为本"成为幌子

校本培训时,校长、培训者都免不了要求教师以生为本,将学生放在心中。开家长会时,班主任、任课教师也会语重心长地告诉家长们:"我们会对你们的孩子负责任,期待共同合作,收获孩子学业上的成功。"但实际上,有些家校间的合作被简单化为教师单向呼叫家长,家长被动接受"再教育"。

家长被"呼叫",大体是在两种情况下。一是在学期中和学期末。在考试成绩出炉后,班主任、任课教师会约见部分家长。家长心怀忐忑地走进教师办公室,满面愁容走出校园大门,因为孩子成绩不理想,排位名次下降,孩子要检讨,家长要反思,家教要改进。二是孩子在学校犯错误的时候。家长抱着挨批的心态走进教师办公室。目前,在有些家庭与学校的合作中,焦点是分数,重点是排名,问题是退步。有了进步,皆大欢喜;如若退步,则如临大敌。教育的目标大家都懂,教育的愿景谁都会画,教育的路径、方法因为教育对象的不同本应该有所区别,但是我们又有多少教育工作者、家长能够真正因材施教?

学校对外的一些宣传,确实能够激励一些孩子,但要防止打击另外一些孩子。如果一个班级因为某一个学生没有实现百分百的一本达线率,这个学生该有多么尴尬?我们以达到一本线的学生为荣,但是没有资格让一个学生因为没有达到一本线而痛不欲生。高考成绩不理想,没有达到一本线,真的不是孩子的错,因为一本的录取学生数有限,而考生的数量远大于录取数。多少家长、教师能够懂孩子,安慰孩子?

在教育宣传过程中,以偏概全、一俊遮百丑的事件比比皆是,只喜欢优等生、乖学生的教师并不少见。而对于那些学习基础薄弱、学习习惯不好、学习自觉性不高、家庭教育缺失的学困生,能不能平等对待,厚爱一分,才是检验我们是否真正做到以生为本的试金石、标杆尺。教育追求的目标很多,教育的任务非常艰巨,教育的使命异常神圣,教育成果的呈现方式多样,呈现周期很长。平时的学业成绩、中高考分数只是我们众多教育追求中的一部分,只是阶段性的副产品。

什么时候教育不单纯以分数论英雄、以排名论成败,我们距离真教育就真的不远了;什么时候我们不轻易放弃一个学困生,不轻易抛弃一个捣蛋鬼,我们才是真的实践以生为本。

草坪上踩出道，谁之过

随着经济社会的发展，人们对生活品质有了更多追求，希望环境更优美、教育更优质。我们享受着美好生活带来的幸福与便捷，感受到城市绿地多了，灌木、花草错落有致，各尽其美。但是，美丽风景中不乏刺眼的不协调，优质教育中偶有痛心的不和谐。

我们不时会发现葱绿的草坪上被行人踩出一条小道，验证鲁迅先生说的"地上本没有路，走的人多了，也便成了路"。面对这条小道的出现，有的人不以为然，有的人痛心疾首。隔三岔五，绿化养护人员会补种草皮、灌木等绿植，还会另竖"严禁践踏草坪"的指示牌。但是，抄近道者依然故我。绿植不断补种，小道依旧出现。

园区道路设计应最大限度地实现功能性、人性化、艺术性的有机统一。园区的道路设计应充分考虑人性化，最大限度满足市民步行与休闲的需要，关注包括道路宽度、路牙高度、路面设计、材质选用等方面的细节。如果公园里一处草坪上总是被市民踩出一条道，设计者就应该反思设计在基本功能的实现上是否人性化，能否满足市民的便利要求。如果没能实现或者不能充分实现，就必须改。

市民也要反思自己随意践踏草坪的不文明行为。作为社会的一分子，我们多一点文明，讲一点道理，世界会更美丽。最难做到的事情，往往不是惊天动地的大事，而是发生在自己身边不起眼的小事。对于不践踏草坪这类小事，有些人不是做不到，而是不屑去做；不是没有能力去做，而是只图一己一时小便捷，不愿去做。

市民与园林设计者之间的关系相当于学生与教师之间的关系。师生关系处理得好与不好，检验的标准只有一个：遵循教育发展基本规律的"育"与顺应学生身心发展基本规律的"顺"的有机统一。教师应积极探索基于情境、问题导向的互动式、启发式、体验式课堂教学；注重加强课题研究、项目设计、研究性学习等跨学科综合性教学；认真开展验证性实验教学和探究性实验教学；提高作业设计质量，精心设计基础性作业，适当增加探究性、实践性、综合性作业。"育"不是强迫学生，而是引导学生养成良好的学习习惯，指导学生提高学习能力，辅导学生自主解决问题。学生在知识积淀、能力水平、个性特征、发展需求、家庭背景、追求目标等方面均存在个体差异，在不同的年龄段又会表现出不同的阶段特质。在实际教学中除了教学、辅导与释疑外，教师还应该有遵循学生身心发展规律的因势利导，也就是"顺"。

发展是硬道理，硬道理也得讲道理。教育上学生问题解决不好，是因为我们只看到现象之路，没有找到解决问题之道。沿着固化的路子认死理走到底，不是褒义的坚定与执着，而是不懂规律的莽撞与愚昧，必然会钻进死胡同。我们需要教育的坚毅，更需要教育的智慧。

水的教育观

水是地球上最常见的物质之一，是赖以生存的重要资源，也是生物体最重要的组成部分，在生命演化中起到了重要作用。水的存在状态、流动样态、基本属性、独特品性、功能价值、源头归宿都会给我们许多有益的教育启迪。

教育平等观

水，准也；准，平也。俗语有"将一碗水端平""天下莫平于水"。《中华人民共和国宪法》规定公民享有教育的基本权利与基本义务。实施义务教育均衡化、教育优质均衡、教育特色发展，就是保障公民的受教育权利实现。每一个公民，包括适龄儿童、少年、青年、中年、老年人等不同年龄层的人，均应拥有平等的受教育机会。

教育多样观

水有液态、固态、气态三种存在形态。液态的水遇到落差就会有优美的流动姿态，遇到障碍物更会激起奔腾的形态，雄伟壮观；固态的水会呈现出晶莹剔透的美感，赏心悦目。水会随着温度变化而呈现不同的形态，也会随着环境的不同表现出不同的一面。教育中没有两个完全相同的对象，教育对象没有一个不在变化之中，教育的方法和路径不可能一模一样，也不会一路坦途。唯有多样性的、可供学生多选择的教育才可能是真教育、优质教育，才能满足学生多样化、个性化发展的需要，才能满足社会对人才的多种需求。

教育可塑观

水的具体形态呈现是可塑的,承载的容器是什么形状,水就是什么形状。教育的对象是人,每一个人都是可塑的。德国哲学家雅斯贝尔斯提道:"教育的本质意味着,一棵树摇动另一棵树,一朵云推动另一朵云,一个灵魂唤醒另一个灵魂。"教育是提醒的艺术,提醒你不要做坏事,记得多做善事,善做好事;教育是唤醒的艺术,唤醒沉睡的心灵,激发进取的斗志;教育是觉醒的艺术,觉醒是教育的追求,也是我们能送给孩子的最好礼物。

教育原点观

"问渠那得清如许,为有源头活水来",万事皆有缘,饮水需思源。三江源的水源保护,就是要求从源头上治理,从根本上保障。教育的原点是育人,教育的根本任务是立德树人。教育必须尊重个体对象的客观实际,遵循教育基本规律、人才成长基本规律,尊重个体差异,采取个性化手段,循循善诱,润物无声,不急功近利,不拔苗助长,不哗众取宠。只要源头不断,学习不停,成长就会一直都在,发展就是必然。

教育品性观

液态水作用大,具有饮用、发电、航运、调节气候、美化环境等功能,在工业上可用于冷却、加热、溶解、清洗、合成,在农业上可用于灌溉、养殖。以柔克刚、水滴石穿、水到渠成、心如止水、上善若水、鱼水之情、萍水相逢、水落石出等成语表现出水的诸多品性。教育上特别需要水一样的品性:课堂教学中要行云流水,师生关系上要一衣带水,教学水平上要水涨船高,教育心态要上善若水,教育境界上要追寻秋水伊人，教育追求是山高水远，教育过程难免山重水复。教育似水平淡，却又非同一般。

师生交融观

常有人借水来比喻师生之间的关系：教师要给学生一杯水，自己必须要有一桶水。大河有水，小河满；大河无水，小河干。河流要有源源不断的水流，还要确保水渠畅通。人是一切社会关系的总和，而教育是育人的事业，是建立在师生情感之上的事业，是需要师生实现情感交融的事业。师生关系是影响教育教学成绩的重要因素。"亲其师，信其道"，唯有师生关系实现良性互动，才能激发学生学习兴趣。有了学习的兴趣和动力，学生才能迸发学习激情，才会有良好的学习效果，才能实现教学相长。

教育归宿观

一滴水只有融入大海，才能生存、不干涸，才能澎湃汹涌。教育具有社会性，最终要被社会检验。学生适应了校园生活，不等于能够赢得幸福与未来；学生考得了高分，不等于稳操来日挑战的胜券。学生终要走向社会，接受社会检阅，迎接社会挑战。学生唯有在自主习得中提升智慧与德行，才能在未来的岁月中改造社会、改善自我，才能使自己立于不败之地，才能笑到最后、笑得最甜。

水本无"道（道路）"，水却有"道（轨迹）"。水之道，德之端。水滋养着万物，却不懂索取；水涵养着人类，却未曾张扬。水，四海为家，奔赴需要它的地方；随遇而安，认可客观的环境；平心静气，乐于平淡的坚守。教育者要有无限的责任与无私的奉献。

烧锅的秘诀

生活在农村的人,一般都有烧锅的经历。在农村,每一个家庭基本上都有生火、做饭的灶台,灶台上一般会安装两口锅,一口大锅和一口小锅,分别用来做饭和炒菜。两口锅的下面都有锅洞,锅洞里烧草和柴给做饭、烧菜提供火源与热量,灶台的出烟口是一个垂直出屋面的烟囱。烟火袅袅,也是传统农村蓬勃与兴旺的象征。

用来烧锅的有稻草、棉柴、油菜秸秆、柴火等燃料,燃料不同,烧锅的方式和难易度也不同。如果是烧稻草,就相对比较简单,干稻草易燃,只要不断向锅洞里添草就行了。如果是烧棉柴、油菜秸秆等稍粗的燃料,就稍微复杂一点,但与烧柴火相比,又要简单许多。烧柴火,一般要先点燃稻草、油菜秸秆等易燃材料将小柴烧着,然后逐渐燃着大柴。烧锅的人还要关注火势,不断给锅洞加柴,不时用火叉将柴火拨松,保证火不会因为缺氧熄灭,适时用扇子扇上两把,使火越烧越旺。一般烧饭、炒菜不用柴火,因为柴火火势大,燃烧时间长,造成浪费。大多过年炖肉的时候才会用柴火。

烧锅小事情,蕴含大道理。再好的火势,也需要星火点燃,需要软草助燃,预示凡事从零开始,从易起步。燃烧过程中,需要不时挑起柴火,适时进行点拨,适当扇火,让火更旺。烧锅的人既不能不加柴火,造成熄火;也不能猛加柴火,让火势太大;更不能将加的柴火放在锅洞口,造成安全隐患,引发火灾。不合适的烧锅方式,会产生不同程度的负面效应,或者偃旗息鼓,或者过犹不及;不合适的烧锅位置,要么达不到烧锅目的,要么造成安全事故。

教育何尝不是这样?"星星之火,可以燎原",刚开始烧锅时,火柴轻轻一划,点燃柔软干燥的稻草。教育在起步阶段,也应从小到大,从易到难。在孩子的成长阶段,教师需要不断启迪孩子智慧,鼓舞孩子斗志,赏识激励孩子,孩子才会不断有希望,始终有干劲,就像烧锅需要不断添柴、松架、点拨、扇火,火势才会慢慢越烧越旺。

烧火时,添加柴火的位置要合适,不能太靠前,也不能太靠后,要在锅的下面、锅洞中间,柴火的燃烧质量和使用效率才能高。我们给孩子的教育,也要看准位置,鼓励和欣赏也要适时宜地,给予孩子精准表扬,不可敷衍、泛泛说教。表扬孩子"这句话说得好",一定要告诉他到底好在哪,是用词准确,还是语言流畅;是读音标准,还是感情充沛;是知识广博,还是寓意深刻。总之,教育要精准、到位,就如同烧锅,要知道用什么材料烧锅,火势多大才合适,柴火应该放在什么位置。

大郢侠们，小郢"狗"

合肥有句俗语"大郢侠们，小郢'狗'"，字面意思是：大村落里的孩子们，小村落里的"看家狗"。具体意思是：大村落里的孩子玩伴多，见识多，在为人处世、待人接物上能够得到更多的历练，发展得更好；相对而言，小村落里的孩子玩伴少，见识少，受教育的机会少，发展受限。平实的地方俗语，却有着非同寻常的教育启迪和意味深长的教育意义。

它说明了环境育人。"大郢侠们"为什么更被看好？因为他们的生活环境有利于成长的群体氛围。大郢的居民多，可以结交的人员多，信息量大，学习机会多。孩子们在这样更加开放的环境里成长，获得的滋养自然更多，心态更加开放，获得进步的可能性就增大。

它说明了同伴育人。学龄前，孩子较多接触、依赖父母；小学阶段，学生较多信赖、依靠教师；进入青春期，学生较多依靠同伴，在与同伴的合作中成长。"大郢侠们"在成长的关键时刻，身边都不缺乏能信赖的、能指点迷津的师长和相伴成长的同龄伙伴，能获得的帮助多，能学习的对象多，就能获得更多发展的可能。

它说明了合作育人。小村落的孩子同伴少，在孤独中生长；大村落的孩子玩伴多，在合作中共进。大村落的孩子多，无论你是怎样的性格，无论你是什么样的水平，无论你是怎样的基础，都能找到合适玩伴。"大郢侠们"可以一起砍柴，可以一起玩耍，受到别人欺负，还有人能帮忙讨回公道。独行也许快，但众行能更远，合作交流、互助学习对孩子成长的实效显著。

择校、择班、择师，其实就是家长选择"大郢"的成长环境，帮助孩子选择合得来的成长同伴，选择多项目、有载体的小组合作，选择良好的教育氛围,使他们获得不断成长、发展的机会与空间。基础教育应该不断深化改革,加大教育改革的力度,进一步促进教育多样化、个性化发展,以满足社会需要,真正实现更高水平的学有所教。

中观教研视角下的新课标实施

在2001年印发的《义务教育课程设置实验方案》和2011年颁布的《义务教育课程标准》的基础上,《义务教育课程方案和课程标准(2022年版)》(以下简称《课程标准》)正式颁布。《课程标准》的有效实施离不开教研、科研的专业支撑。教研工作要引领教师准确把握课程改革方向,改进教学,丰富教研活动途径和方式,满足学校、教师及学生对教研多样化的需求,提高教研活动针对性,提供个别化指导与服务。

中观教研在新课标实施中的作用

教育路线、方针、政策的制定和落实,有宏观、中观和微观三个视角,中观介于宏观与微观之间。本文的"中观"是针对地市一级教育主管部门而言。一是指教育行政部门上的中介性。地市一级教育主管部门上有国家和省两级教育主管部门,下有县(市)区级教育主管部门,行上是执行机构,对下是决策机构。二是指业务问题上的中等性。在教研工作上,国家和省研究的是决策问题,侧重宏观范畴;县(市)区研究的是落实问题,侧重微观范畴;地市一级教研机构既要决策又要落实。

《课程标准》是中观教研质量提升的重要指导:培养目标是中观教研的方向引领,五项基本原则是中观教研的路径指引,五个维度的课程实施是中观教研的重要内容。市级教研部门要基于区域整体规划,聚焦教育教学新变化、新问题,学习新思想、新理念、新要求,回应时代之问;又要脚踏实地,根据不同层级、不同范围的教学实际,为教师专业成长提供专业支撑与保障,带领区域教研,聚焦关键问题,开展主题教研,发挥引领功能,提高教研质量。为确保《课程标准》落地、落实、落细,中观教研应着眼于新教学改革、新评价实施、新成果提炼,并进行积极探索。

中观教研落实新课标的"三新"策略

《课程标准》对课程内容、教学方式、评价方式等方面的新要求,落实到一线学校与教师的实践上,则表现为明确新目标、实施新教学和落实新评价。

明确新目标,即落实立德树人根本任务,全面落实有思想、有本领、有担当的时代新人培养要求,增强课程的思想性。基础教育课程改革,在目标导向上经历了从"双基"到"三维"再到"核心素养"的重大变革,强调"正确价值观、必备品格与关键能力"的培养,并以此为统领,建构了素养导向的"目标一族"——课程目标、课程内容标准与学业质量标准三位一体的目标体系。

实施新教学,要坚持活动与内容并重。顾明远先生说:"教书育人在细微处,学生成长在活动中。"《课程标准》明确提出深化教学改革的16字方针"素养导向、学科实践、综合学习、因材施教",增加了"学习要求""教学提示"等方面的内容,首次将"活动"提升到与课程内容标准一样的高度对待,对教学活动有刚性要求和原则性定位。

落实新评价,包括强化素养导向,开展综合素质评价;注重学生自我评价,引导学生合理运用评价结果改进学习;倡导基于证据的评价,积极探索增值评价;倡导协商式评价,推进表现性评价;注重对学生解决实际问题能力的考查,重视真实情境下知识的综合运用水平、问题解决能力和任务完成情况。新的评价方式强调学生学后反思与交流,不仅要收集学习结果是什么的信息,还要收集学习过程是怎样的证据,更要收集真实的、深刻的、聚焦反思结果的信息,落实《课程标准》

有关学业水平的进阶要求。

中观教研落实新课标的路径

新教学改革要让学习在课堂上真实发生。市级教研员要先学先改，引领教育理念更新。市级学科教研员要加强与高校、专家的联系，深入研读《课程标准》，尤其细读课标组组长、核心成员的分析与解读，全方位、多层次、宽领域理解、消化、吸收《课程标准》要求，为一线教师提供精细、精准的解读、指导与服务。对于《课程标准》培养目标、课程设置、实施要求等方面的变化，以及育人导向、课程内容结构、学业质量标准、学段衔接等方面的变化，市级学科教研员要结合课堂教学实际，帮助教师科学理解学生发展核心素养与义务教育阶段学科课程培养的核心素养之间的关系，核心素养与学业质量标准的关系，"培养学生适应未来发展的正确价值观、必备品格和关键能力"与培养"有理想、有本领、有担当的时代新人"的关系。

市级教研员要先行示范，引领课堂教学创新。一是从实际出发，寻找教学改革突破口。合肥市各区域、学校、学科、教师之间的发展差距较大。市级教研机构和教研员要从市域出发，帮助县（市）区、学校、教师找准位置，明确目标定位，优化市域范围学科教研策略与路径，围绕学科课堂教学开展研究，形成独具特色的学科教研模式。学科教研以项目研究为载体，以团队合作为导向，以教师专业发展为目的，打造区域教研共同体，实现区域教研一体化；同时依托信息化手段，找准教师最近发展区，抓住教学研究关键点，提升一体化教研实效。目前合肥市教育科学研究院所有学科均有针对学科特点的特色项目研究，如中小学音乐学科尝试多学段一体化教研，走"模块链接大单元，双微驱动大教研"的新路子，基于关键问题开展主题教研，融合多种艺术学科的研究，加强跨区域教研共同体的建设。

二是以课堂结构改革为抓手，重视实践性学习。《课程标准》更加强调实践性,让学生在实践中获取、构建、巩固、创新所学知识。市级教研机构组建专业学科团队,结合学科核心素养,从课堂教学结构改革入手,重新认识新时代教师"教"与学生"学"之间的关系,总结提炼课堂教学方法,在全市范围内开展学科课堂教学实践研讨,就学什么、为什么学、怎么学等内容进行深度研究,形成学科教学成熟范式和典型经验。课堂教学改革将单元(分课时)教学设计、单元(分课时)说课、有生上课、作业设计等融为一体,让教师体验沉浸式、应用式学习与研究,使教师的课堂教学改革源于实践、在实践中、为了实践。

三是以综合学习为载体,加强课程开发指导。《课程标准》要求加强课程内容与学生经验、社会生活的联系,强化学科内知识整合,统筹设计综合课程和跨学科主题学习。合肥市教育科学研究院借鉴普通高中新课程新教材实施国家级示范区建设经验,计划开展义务教育阶段基于核心素养培养的单元教学设计与实施,探究情境设计、主题确定、合作学习的有效路径;开展跨学科主题学习与实践,强化课程协同育人功能,引导学校和教师开展德智体美劳"五育"并举的融合育人实践与探索;联合地方高校、县(市)区教研室进行综合性课程开发,在全市范围内征集全学段优秀校本课程案例,遴选优秀综合性课程向全市推介,指导学校进一步丰富课程建设内涵,满足学生个性化发展需求。

市级教研部门要做好项目研究规划与指导,实现教师专业化成长。为进一步提升《课程标准》实施的质量,合肥市教育科学研究院以项目为载体,指导教师针对教育教学中存在的问题开展课题研究。自2019年开始,合肥市根据县(市)区教研和学校研究需求,实行教育科学规划课题"1+N"管理模式,即一般教育科学规划课题加党建、学前教育、普通高中新课程新教材实施、中小学教育教学评价等专项课题。2023年市级立项课题中将增设《课程标准》实施方面的专项研究课题,以课题研究的模式帮助教师梳理课程实施中的诸多思考和困惑。合肥市教育科学研究院积极促进实现教师教研横向一体化,将申报同类、相近专项课题的教师统整起来组成项目群,整合教研力量,打造市域、县域研究共同体,促进教师之间的深度交流、研讨。在市域范围内,不同层级、不同主体相互合作,协同交流,形成连点成线、连线成面、连面成体的教研格局。区域教研有抓手、有载体,促进教研活动实质性开展,就能提升区域项目研究质量,促进教师专业成长。

新评价实施让评价效能在实践中发生。核心素养目标导向下的教学,倡导在真实情境下,教师引导学生运用所学知识发现真实问题,客观分析问题,解决实际问题,圆满完成任务,强调问题导向、目标导向,探索先学后用、先用后学、边学边用、边用边学的新路径,实现学以致用、学用结合。学生学习方式发生重大变化,教育评价的内容、方式必须随之改变,教育评价的功能才会最大化。新评价实施直接关系到将"想得到的美丽"(培养目标)落实为"看得到的风景"(课程标准),再分解为"走得到的景点"(教学目标)。

在研究中,我们要建构与核心素养培养相适应的评价体系。学业质量标准是《课程标准》的亮点之一,是学生完成课程阶段性学习后的学业成就的综合表现,反映核心素养的要求,是所有过程评价和结果评价的重要依据。学业质量标准在知识点评价维度上还增加了更为内隐、具有实践性的维度,如《义务教育道德与法治课程标准(2022年版)》第四学段(7~9年级)的学业质量标准要求"能够尝试化解青春期烦恼,采取正确方法面对成长过程中的顺境和逆境,自我管理,具有亲社会行为,敬畏生命,热爱生活"。这种标准的测量很难通过纸笔测验的形式进行,必须从评价端着手,改进整个评价体系。落实学业质量标准可通过构建完整测试蓝图的方式,梳理试题的价值观念、学习态度、过程表现、学业成就等属性,贯穿学习全过程、教学各环节,进一步明确在什么样的情境下,运用哪些知识解决什么问题,结果怎么样,同时设置情境熟练程度、知识类型与广度、问题解决难度等相关变量。科学测评学业质量水平,必须彻底打破原有基于知识点考查的双向细目表,建构以核心素养为导向的评价体系。

在实践中,我们要探索评价方式方法的创新。《课程标准》要求

"创新评价方式方法",倡导基于证据的评价,积极探索增值评价,倡导协商式评价,推进表现性评价,促进考试评价与新技术的深度融合。合肥市教育科学研究院于2018年成立教育教学质量监测与评价研究中心,负责监测体系建立、评价根据的研发、评价结果的统计与分析,与第三方评价机构共同开展合作研究项目的对接和管理工作,指导县(市)区和学校改进教育教学工作。后续,合肥市教育科学研究院将继续坚持以减负提质为目标,创新实施小学生发展绿色指标评价,实施评价"四+"模式。"四+"模式即"等级评价诊断+学业报告指导""随机抽样监测+命题自主选择""双测合一实施+网络系统阅卷""课程标准至上+教学改进为先"。任课教师不仅要收集学生学习过程证据、学习结果信息,也要收集真实的、深刻的、聚焦反思结果的信息,注重真实情境下学生动手操作、作品展示、口头报告等多种方式的综合运用,关注典型行为表现,关注教学过程,注重学情、教情、校情分析和学业质量诊断,促进教与学方式的改进。

在教学中,我们要实现教学评一体化。《课程标准》提出要促进"教—学—评"有机衔接,增强日常教学评价的育人意识。各学科教师要综合运用观察、访谈、作业、纸笔测试等方法,多视角、全面获取和掌握学生学习态度、参与学习活动程度以及课程内容理解深度,关注学生在一定情境下的行为、品行表现,同时关注学生在课堂学习、小组合作、班级活动、学校活动、社会实践中的表现,有意识地从同学、家长、其他任课教师处获取更全面的信息,确保评价全面、客观、科学,发挥评价的价值引领作用,促进教师"教"与学生"学"的有机融合,促进"评"对教与学改进、引领、鼓励的作用。

2021年9月,合肥市教育科学研究院分学科组织研制了《合肥市义务教育阶段学科作业设计与实施指导意见》,并基于此开展"义务教育阶段学科作业样例研究与作业设计优化项目"研究,科学定位作业功能,尤其凸显作业诊断、激励、改进与育人功能,促进学生自我矫正,体现学科课程培养的核心素养。合肥市教育科学研究院发挥紧密联系一线的优势,由教研员带领一线教师团队研究学科作业设计与实施,并在全市范围内组织开展分学段、分学科作业设计、考试命题培训、研讨及比赛活动,用作业设计与实施、考试命题与研究等方式倒逼教师转变观念与优化方法。

新成果推广上借助教研共同体联动得以落实。在落实新课标的过程中,一线优秀教师、先行学校会在实践中形成宝贵经验、研究成果。以教研为引领,总结优秀教育教学成果,实现区域成果共享、学科建设共赢是深入推进新课标落地、课程改革的重要途径。

市级教研部门通过建立"市—县(市)区—校"一体化的行政联动机制,环环相扣,层层到位。市级以合肥市教育科学研究院为牵头单位,县(市)区级以各自教育主管部门为牵头单位,分县(市)区建立义务教育阶段发展共同体。共同体内设若干个小学、初中牵头学校作为共同体工作推进的着力点。后期工作以共同体为单位开展,要求共同体内所有学校全员参与。成员校既是合作者,也是竞争者,互相交流,共同进步。此外,合肥市计划在市级骨干教师培训的基础上,组建全学科研究核心团队,实施"五个一"工程。"五个一"工程要求团队提供一个高水平《课程标准》解读讲座、一份基于核心素养培养的大单元教学设计、一堂体现素养导向的示范课、一套以单元为单位的作业设计和一份跨学科学习的实施方案,为县(市)区、学校的培训提供课程资源。

市级层面以合肥市教育科学研究院为牵头单位,定期开展《课程标准》实施的专项研讨、交流、评比活动,推动"个人教研—学科教研—主题教研—综合教研"的专业联动,实现区域教研与校本教研一体、个人教研与学科教研一体、主题教研与综合教研一体的理想状态。合肥市教育科学研究院开展教研员解读课程标准工作,分期在公众号上推出相关内容。比赛上优化方式,将一般课堂教学评比活动优化为集单元教学设计、分课时课堂教学、优秀教学案例、作业设计与实施、课堂教学反思为一体的项目化、主题式比赛,采用团队参赛、分项评比方式,既有团队成员的分工协作,又有团体总积分共命运的共同奋斗。跨区域、跨学校组建参赛共同体,打破了学校、区域之间的界限,加强学科内部、学校之间、区域之间教师的交流与研讨。系列化的基础教育科研、学术成果的交流活动助推《课程标准》落实、落细和落地,教研成果在推广中得以检验。教师在实践中再次发现问题,解决问题,进一步改进和完善,促进区域教育教学和教科研质量的整体提升。

每一次新课标的发布都是基础教育的一次进步,代表着一种自上而下的教育理念的更新和改革,对于一线教育工作者来说更是学习和蜕变的契机。对于处于中间位置的教育教研部门而言,承担着教育改革的责任,指导一线教师,更好地为国家培养人才,始终是我们工作的重心。我们将在且行且思的道路上不断前进。

此文发表于《教育文汇》2022 年第 7 期

照相中的教育学

朋友在微信上发了一组照片,照片上都是寻常景物,配图文字"老吴的随手一拍!"细想此组图文虽平淡,但构图精致,意境唯美,蕴含了几分哲理:拍摄风景就像对待孩子,只要你俯下身子,和孩子处在同一角度,总会在细微处发现不一样的美!我在评论栏写上自己的感悟:"上述美景照片拍摄成功之处至少有两点。一是重点聚焦,二是虚实结合。教育孩子何尝不是如此。"朋友回复到:"世间万物的道理都是相通的。"

摄影的对象是客观存在的事物,以现实为依托。摄影艺术可以赋予同一事物以不同的呈现形态,构成画面不同,意境迥异,层次分明。想拍出精美照片,就必须学会选择合适角度、拍摄方位、取景高度。这样拍摄出来的照片既能表现真实生活,又能高于现实,传达拍摄者内心的那份感动。

对于学生,我们也要把握好"审美"角度。每个学生的知识基础、学习习惯、掌握的技能都有着差异。这些差异客观存在,我们别无选择,只有努力做到真实、全面地了解学生。教师善于在教育中选准学生最佳教育点、最近发展区,让学生尤其是学困生体会学习的乐趣,体验学习的成就感、幸福感,是促进学生个性而又全面发展的重要手段。每一个学生均有自己最美、最可爱的一面。合肥市南园学校的六年级毕业典礼要求每一位学生为自己准备冷餐,也为自己准备好小垃圾袋。在一次毕业典礼学生就餐的间隙,我发现有一位同学拿着一只大号垃圾袋在收集同学、教师的小袋垃圾。据了解,他的学业成绩并不太好。如果单纯、片面地用学业考试成绩来评价他,他只能勉强"及格"。但他从不给班级添麻烦,热爱集体,主动关心同学,乐于助人,拥有为人处世的良好品性。我们对他的评价一定是"优秀"。相信在未来的岁月里,他一定能成为社会有用之人、栋梁之材。

人非圣贤,孰能无过;生非神仙,岂能全面。人之理与事之理是相通的。一幅优秀的摄影作品一定要聚焦主旨,精心构图。我们也要帮助学生找准潜能,做好发展规划。

根据多元智能理论,一个人具有多方向、多方面的发展潜质与潜能。学生处在不断变化和发展之中,一切均在未知中。哪些潜能能够作为学生的特长得到培育并使之终身受益?学生潜能与潜质的发现与重点聚焦显得尤为关键。智力超常的学生人数很少。即便具有超常智能,这个学生也不是无所不能。普通学生没有超常智力,也不能碌碌无为,理当"以学为主,兼学别样"。基础教育阶段是学生夯实基础知识、基本技能以及培养必备品格、关键能力的重要时期,学校、教师要立足学生实际,挖掘、发现并积极培养学生的兴趣点、发展点,抓住学生最近发展区,促进学生全面而有个性发展。一个学生进入高中阶段,就应该初步具备生涯规划的能力,可以通过选修课程、参加社团培养职业兴趣,练就职业技能,养成学习习惯,实现在做中学、学中进。

中国画讲究虚实结合,画面中的空白不是空而无物,而是"于无声处听惊雷"。摄影中的虚是通过改变照相机的景深,达到视觉上的模糊效果。照片对需要关注的部分进行聚焦,可以更加突出重点。其他图景一律作为背景与衬托加以虚化、模糊化,可以充分彰显画面的层次感、画面感、审美感。

教与学的矛盾是学校教育、家庭教育中永恒的矛盾,教与学是矛盾的两方,依据一定条件,在不同环境与背景下会相互转化。在教授新知的时候,"教"是矛盾的主要方面,就应该"实"起来。学生就应该按照教师的要求,按部就班、循序渐进地潜心学习。进入学生理解、消化、吸收、应用环节的时候,"学"就转化成为矛盾主要方面,学生的主体作用必须充分发挥。相信学生,依靠学生,最终为了学生,"教"就要适当虚化,绝对不包办、不代替。面对学生学习上的困难、生活上的障碍、工作上的困惑,我们要根据问题性质的不同区别对待。面对原则性的问题,教师、家长不让步,不妥协,必须坚持,该惩戒的不能手软。面对非原则的问题,教师、家长可以"虚化"处理,引导学生探索方法、思路与技巧,培养学生独立解决问题的能力。大人退一步,相信孩子能够处理好。当学生没有依靠的时候,他的发展欲求可能会更强。

"十不得"直指教育本真

2020年10月26日,合肥市教育局印发实施《合肥市中小学办学行为"十不得"》(合教〔2020〕119号)(简称"十不得"),"旨在进一步规范学校办学行为及教师职业道德行为,切实减轻学生过重的学业负担,优化教育生态环境,让孩子健康成长、刻苦学习和轻松快乐"。"十不得",十个简单明了的告诫,直指教育本真。

"十不得"首指学生身心健康。每天锻炼1小时,健康工作50年,幸福生活一辈子。身体健康、心情愉悦是人们认识世界、改造世界的追求,也是人们从事生产、生活的基本条件和前提。学校应该帮助学生养成良好的体育锻炼习惯,使每个学生掌握一两项运动技能。但是,体育功利化倾向依然存在,不少初中学校重视体育,是因为中考有体育。不少学生为了应付体育中考而锻炼,不考就不练。在高中阶段,体育课被占用的现象依然存在。中小学生近视率居高不下,体质健康优秀率堪忧现象客观存在。合肥市教育局要求:"不得随意占用体育、艺术、综合实践等课程。"这不是高标准,只是对学校教育教学的底线要求。在满足底线要求的基础上,重要的是引导和激励社会、学校、家庭重视孩子体育锻炼,丰富运动形式。

"十不得"直指教育教学质量。立德树人是教育的根本任务,教育是为了培养全面发展的人。但提升教育教学质量在实施中往往被理解为提高考试成绩。对教育教学质量的理解出了问题,教育教学行为必然出现偏差,必然会对学生发展产生不可估量的损害。合肥市教育局要求"不得以任何方式公布学生考试成绩和排名""不得以学生考试成绩为依据分班和排座位",非常明确地告诉大家,不能以一两次考试成绩来歧视学生,更不能单纯用文化课学业成绩来评价、预言学生未来发展,也不能简单用学生的文化课考试成绩来评价教师、学校、区域教育教学发展与质量。合肥市教育局的"十不得"就是要在"五育"并举、树立科学质量观上下功夫,在科学理解教育教学质量上动真格,在全面提高育人质量上见成效。

"十不得"倡导平等的师生关系。"安其学而亲其师,乐其友而信其道",平等、良好、和谐的师生关系是构建良好教育生态的前提,是实现教与学互动的前提。容不得学生犯错误,看不惯学生有缺点,不允许学生提意见,师生不平等、教学不和谐现象,严重影响教育教学质量的提升。"十不得"中要求"不得侮辱、歧视、体罚或者变相体罚学生""不得因学生学业问题羞辱其家长""不得要求学生家长批改作业",就是要学校、教师将建立良好的师生关系、和谐的家校关系当作品质教育的应有之义、关键要义看待。教师与学生之间既要有师道尊严、长幼之分,也要有平等友好、合作共进;家庭与学校之间既要各司其职、各负其责,也要交流沟通、携手释难。取得成功时,师生共同分享喜悦;遇到困惑时,家校一起攻坚克难。当学生发展中遇到问题时,教师对学生不是一味指责,而是悉心指导,有助于形成良好的师生关系。良好的师生关系一旦形成、和谐的家校关系一旦建立,必将为教学教学质量提升添翼助力。

"十不得"追求科学育人方式。教学质量是硬道理,提升教育教学质量也得讲道理。育人质量的提升务必遵循教育教学规律,务必遵循学生发展基本规律。现实中,靠延长作业时间、增加作业强度的野蛮方式提升教学质量的现象依然存在,这样的"质量"是以减少学生睡眠为代价、以损害学生身心健康为代价换来的。"不得超过规定布置过量课后作业""不得占用学生休息时间集体补课""不得举行周考、月考等超过规定次数的统一考试""不得组织或者参与任何形式的有偿家教"是引导育人方式的改革,是改变"唯分数论"的评价方式,改变延长时间、增加强度的粗放式作业模式的具体举措。教师分层教学、分类指导,在作业形式多样化、个性化上下功夫,注重作业反馈,讲究作业的针对性,追求作业的创新性,适度布置作业,才能激发学生做作业的主动性和积极性。

此文发表于《教育文汇》2021年第1期

"双减"实践中的"加减乘除"

"双减"的目的是指向"双提",即提高教育水平、提升育人质量。就学校教学行为来说,关键在于提高课堂教与学的质量,提高作业设计与实施的质量。怎样实现"双减"与"双提"互相促进,相得益彰?我们既不能从想当然出发,又不能悲观失望,要按照教育规律办事,做好"双减"的"加减乘除"四则混合运算。

"双减"中的乘法就是将有利于教育发展、质量提升的因子科学组合,构建育人空间,优化有利于学校教育教学质量提升的机制,形成良好的教育生态。学校积极争取社会各界人士关心教育、理解教育、支持教育、帮助教育,合理整合校内外一切社会资源,营造良好学校教育生态。学校贯彻全面育人、全程育人、全体育人,坚持立德树人,坚持德智体美劳"五育"并举、融合育人;树立课程育人理念,坚持面向每一个学生,让每一个学生每天进步一点点,发展每一个学生;精心打磨学校生活的每一个细节,使之成为良好的育人载体,实现教书育人、管理育人、服务育人、环境育人,呈现时时育人、事事育人、处处育人的教育美景。

"双减"中的乘法还要聚焦重点难点,实现突破。学校应将着力点放在课堂教学与作业实施上。课堂教学一直是教育教学主阵地、主战场,更是教学质量提升关键之所在。课堂教学质量的提高,首先需要教师执教水平提升。学校与各级教研机构要引导并搭建平台帮助教师提升专业功底,提升课堂教学能力。教师要在"教"上下功夫,要依据课标、立足大单元、根据学生实际备课,在课堂上动真格,在教与学关系融洽上动点子,实现讲科学、讲艺术的有机结合,提高教的质量。教师要在"学"上下功夫,帮助学生优化学习方法,激发学生学习兴趣,调动学生学习积极性，提升学的效率。

学校应该在作业设计与实施上下功夫，向作业管理要质量。作业设计不要将范围局限于中考、高考科目。要求学生每天锻炼1小时，学习一两项运动技能；引导学生坚持阅读，化整为零，积少成多，养成受益终身的阅读习惯；帮助学生培养一项艺术爱好；鼓励学生参加各种社会实践活动，等等，均是作业设计的内容。在学科书面作业设计上，教师也要依据教学实际布置分层作业、分类作业，尽可能多布置一些弹性作业、个性化作业、实践性作业、探究性作业和跨学科综合性作业。教师要根据学生作业完成情况进行指导，引导学生自我诊断、自我纠错、自我改进、自我提高。

教育的乘法中还有全面育人体系、学校课程建设、教育综合评价、学生发展指导、学校教学管理等更多内涵，需要我们深入研究、具体实践、逐渐改进、不断优化。

乘法做得好，事半功倍；除法做不好，事倍功半。"双减"中的除法就是要努力排除干扰教育的因素。一方面要消除家长教育焦虑。学校要让家长认识到教育不是育分，而是育人，务必从长计议，不可急功近利，要远处着眼、细处入手，减少家长对学生学习中出现的阶段性问题而产生的过分担忧。学校可以通过项目化合作，清除家校沟通障碍，减少教与学的矛盾。另一方面要清除社会对学校教育教学过程的干扰。教育不是无条件"迎合"，我们要做更多"符合"的事，尊重教育规律，尊重学生成长规律，让"学在课堂中心""学生在校园中央"得以彻底落实。

唯有将乘法做好，才能实现教育质量提升；只有将除法做好，才能消除教育上的诸多不利的因素。课堂教学质量提升，作业质量提高，教育教学质量就会逐步提高，教育品质就会逐渐提升，老百姓对教育的满意度必然提升。这就是"双减"中的加法。

乘法做对了，除法做准了，加法做好了，减法就有了。学生过重的文化课课业负担就自然减了，校外培训的负担就必然轻了。

"双减"只有建立在正确的加减乘除四则混合运算基础之上,才能真正落地,实现常态化。届时,学生用于体育锻炼的时间就有了,感受美育熏陶的机会就多了,走入社会参加实践的机会就有了,动手感悟创新的思维就有保障了。

编者的话

一位教育战线上的老兵、教研领域里的新卒，有着35年教育教学教研经历。他从课堂上走来，热爱课堂，喜欢学生；他从校长的岗位上走来，热爱学校，忠于职守。他先后在合肥市第五十一中学、合肥市第一中学、合肥实验学校、合肥市南园学校、合肥市第四十八中学5所各有特色的学校任职，从普通教师成长为中层管理人员，再成为学校总舵手，历任合肥实验学校、合肥市南园学校、合肥市第四十八中学校长和分管教研室的包河区教体局副局长、合肥市教育科学研究院院长。不同学校、不同岗位上的历练，使他对教育的认知更加透彻，对教育的追求更加执着，对从事教育实践的决心更加坚定。他坚信：在教育的路途上，成长总是给独立思考的人，认识总是给勤于实践的人，成果总是给不断改进的人，成功总是给持之以恒的人。他和每一位有追求的教育工作者一样，内心深处藏着一个梦想。这个梦想植根于执着的意念之中，扎根于不辍的实践之中。他来自农村，知道教育就像农业，不能流水线式地生产；他生性慢热，懂得不是所有的学生都能一点就透、一说就明，不可操之过急；他秉性坚韧，知晓唯有水滴石穿的不懈努力才能战胜困难，创造奇迹；他勤于思考，乐于实践，精于总结，在繁忙工作之余笔耕不辍。

2012年12月，在北京师范大学举行的"叶传平办学实践研讨会"取得圆满成功，受到石中英、檀传宝、马健生、张东娇、褚宏启、李金初等著名教育专家的肯定与好评。2011年，他编著《引导自学课型实践之路》，2012年出版专著《平心而论》。凭借赤诚的教育热情，丰富的教学经验、学校管理经验，以及在实践基础上的思考，6年来他在微信公众号"平心微言"发表原创文章140篇。

在成功者的经验中,从事教育教学的具体策略、途径、方式、方法各不相同,但不同之中却包含着共性:要遵循教育发展规律、学生成长规律,为每个从事教育和接受教育的人创造自由呼吸的教育环境。具体表现为坚持以生为本,让学生能够实现全面而有个性的健康发展;让教师能够心无挂碍、春风化雨地和学生一起成长,实现多元化发展;让学校可以不被升学压力所裹挟,从容淡定地实现特色发展。

坚持特色发展的学校才能不被当下焦虑的氛围所影响,是学生愉快成长、教师自我发展的良好环境,为教育教学提供自由呼吸的生态涵养;用心、宽容的教师才能与学生建立起平等和谐的关系,是学生成长中的阳光,为学生输送自由呼吸的空气;科学的教育思想和观念能够帮助教育工作者坚持初心,是培养学生、造就教师、发展学校的土壤,能够促进教育生态良性循环,不断发展。《自由呼吸的教育》是叶传平 2012 年以来教育教学与管理实践的系统性经验总结和成果提炼。本书秉持教育生态观,由四个部分组成,分别为"有氧的学校""成长的教师""生长的学生""教育的微思"。"有氧的学校"是学校管理和特色发展的经验总结;"成长的教师"是教师专业发展和课堂教学的实践探索;"生长的学生"是学生全面发展和个性成长的研究探讨;"教育的微思"是教育智慧的领悟和灵感捕捉。有活力的教育能够让每个人自由呼吸、自然成长,大家不因压力而失衡,只为发展而进步;不因升学而焦虑,只为理想而追求;不因分数去排名,只在成长中携手,激流勇进,百舸争流。